600년 팽나무를 통해 본 하제마을 이야기

600년 팽나무를 통해 본 하제마을 이야기

1판 1쇄 발행 2021년 3월 31일

지은이 양광희

교정 윤혜원
편집 유별리

펴낸곳 하움출판사
펴낸이 문현광

주소 전라북도 군산시 수송로 315 하움출판사
이메일 haum1000@naver.com **홈페이지** haum.kr

ISBN 979-11-6440-763-7 (03910)

좋은 책을 만들겠습니다.
하움출판사는 독자 여러분의 의견에 항상 귀 기울이고 있습니다.

600년 팽나무를 통해 본
하제마을 이야기

저자 양광희

군산이 고향인 필자로서는 언제부터인가 식물의 생태에 대하여 관심을 갖기 시작했다. 비가 올 때도 뭐가 그리 좋은지 우산 쓰고 홀로 꽃과 나무를 찾아다니던 때가 벌써 15년 전의 일이다. 어청도를 비롯해 군산 지역의 곳곳을 탐사하던 시절 언젠가 선연리 하제마을의 어느 조그만 산을 둘러보고 생태적인 우수성에 살짝 놀라기도 했다. 최근에서야 그 산이 알메산(卵山)으로 불리는 산이라는 걸 알았을 정도로 하제 지역은 사람들에게 주목받지 못하였다. 단지 어느 지역으로 가기 위한 경유지였고, 변두리에 있는 스산한 느낌을 주는 작은 어촌이었을 뿐이었다.

하제마을의 주민들은 새만금 방조제가 만들어지기 전까지 전통적으로 어업을 통해 생계를 유지해 왔다. 그러나 방조제가 만들어진 이후에더는 어업 활동을 할 수 없게 되자 마을을 점차 떠나기 시작하였다. 남은 주민들조차도 미군 탄약고의 안전거리를 확보하겠다는 명분 때문에 마을이 강제 편입 및 수용되어 떠나야 하는 것이 안타까운 현실이다.

선연리 상제·중제·하제마을의 지나간 역사에 대하여 잘 알려져 있진 않다. 대동여지도에 표시되어 있을 만큼 널리 알려졌던 고운 최치원(崔致遠)의 전설이 담긴 자천대(紫泉臺)가 있었는데도 말이다. 조선 시대 화산(花山)

봉수대가 있었던 터는 사라진 지 오래다. 상제와 중제마을은 1930년 대 후반에는 일본이 육군비행장을 건설하고, 1950년대 이후에는 미국이 공군비행장을 건설하면서 이미 역사 속으로 완전히 자취를 감추었다. 하지만 마지막 남은 마을 하제의 삶과 문화에 대하여 원주민들로부터 이야기를 듣고 싶어 하는 사람들이 있었고, 필자는 군산교육희망네트워크의 주관으로 이미 백발이 되어버린 원주민을 모시는 장소에 들러 소중한 이야기를 들을 수 있었다. 지인의 연락을 받고 다소 망설이며 간 행사였지만, 저 멀리 보이는 거목이 눈에 띄었다. 가까이 다가가 보니 바로 600년 팽나무였다. 필자의 마음을 사로잡게 된 첫날은 바로 그렇게 시작되었다.

하제마을의 팽나무는 외형적으로도 그동안 보아왔던 어떤 나무와도 비교할 수가 없었다. 가까이 다가가 보호수 표지석에 기재된 내용을 살펴보니 수령이 600년으로 기재되어 있었다. 주로 해안가에서 자라는 팽나무는 은행나무와 느티나무처럼 수백 년 이상을 살아가는 장수목으로 마을의 역사와 궤를 같이 하는 경우가 많다. 팽나무를 처음 봤던 날부터 하제마을의 600년 팽나무를 문화재로 지정해야 한다는 생각이 강력하게 뇌리에 박혔고 이후로 틈틈이 하제에 들러 팽나무를 관찰하기 시작했다.

팽나무가 자리 잡은 지형적 여건에 관심을 갖고 조사하다 보니 옥녀봉에서 하제마을까지가 과거에는 무의인도(無衣人島)라는 불리는 하나의 섬이었으나, 일제강점기에 소작농을 착취했던 농업회사 불이흥업(不二興業)에 의해 선연리, 옥봉리, 어은리 일대에 만들어진 간척지라는 것을 알게 되었다. 역사적으로 오랜 세월 동안 바닷가였기 때문에 어부들은 배를 묶어놔야 했던 장소가 필요했을 것이고, 그에 따라 600년 팽나무는 고스란히 자기 몸을 내주며 하제마을의 삶과 문화를 같이 했을 것이다.

팽나무의 수피(樹皮)에 굴곡진 주름이 바로 그 무게의 상처로 남아 있다. 팽나무 이파리의 새싹을 보고 올해는 어느 방향이 풍년일까 점치는 기상목 역할을 해왔으며, 배를 타고 바닷가에 나가는 낭군의 안녕을 위해 제를 지냈다는 이야기 등은 팽나무의 문화재적 가치를 충분히 더해주고 있다. 하제마을의 공동체가 붕괴된 이 시점에서는 팽나무가 유일하게 하제의 삶과 문화라는 것을 말해주고 있을 뿐이다. 현재 600년 팽나무에 대한 문화재적 시각의 접근과 검토는 충분히 이루어지고 있다.

그러나 기존에 팽나무와 하제에 관한 자료들이 없어 팽나무를 처음 접하는 분들을 위해 그동안 수집한 자료들을 모아 책자를 발간하게 되었다. 이 책의 발간에 많은 응원을 보내주시고 팽나무를 지키고자 함께 노력했던 팽나무지킴이 회원님들에게 깊은 감사와 애정을 느낀다. 마지막으로 나의 길에 항상 동행해 온 사랑하는 아내 김미숙 씨에게 깊이 감사드린다.

머리말 • 5

제1장 하제의 발자취와 유산

1. 하제마을의 행정구역 ―――――――― 14
   · 군산시 행정구역 변천   14
   · 옥서면 선연리 하제마을   15

2. 역사 속의 하제 지명 ――――――――― 17
   · 호구총수   17
   · 왜사일기에 등장하는 해도 측량   19
   · 하제에서 화산까지의 길   23
   · 하제리(里)로 표기된 약도   25
   · 600년 팽나무에 근접한 강줄기   26

3. 하제마을의 문화유적 ――――――――― 28
   · 중생대 백악기 역암층   28
   · 화산봉수대   29
   · 명사십리 위의 자천대   30
   · 마을의 수호신 석장승   32
   · 매장문화재 어망추   34

4. 하제마을의 공동체 붕괴 ―――――――― 36
   · 잃어버린 하제 포구   36
   · 수용된 하제마을   37

5. 지적도를 통해 본 하제 ―――――――― 39
   · 하제마을의 여씨촌   39
   · 일제강점기의 하제마을 토지   42
   · 지적도를 통해 본 하제마을 도로망   46

제2장 600년 팽나무의 문화재적 가치

1. 보호수로 지정된 팽나무 ---------------- 50
  · 600년 팽나무의 서식 환경   50
  · 600년을 넘긴 보호수 팽나무   51
  · 600년 팽나무의 미래   52
  · 600년 팽나무의 지위   53

2. 영험한 팽나무의 구전 ---------------- 57
  · 팽나무를 향한 사격 연습   57
  · 문화동, 당북리의 팽나무   60
  · 팽나무 주변 탄피의 실체   61

3. 팽나무의 전경 ---------------- 63
  · 1960년대 팽나무 전경   63
  · 현대의 팽나무 전경   64
  · 팽나무의 사계   65

4. 팽나무의 수령 감정 ---------------- 67
  · 수령 분석   67
  · 수령 감정 결과   69

5. 팽나무의 문화재적 가치 ---------------- 71
  · 600년 팽나무의 외형   71
  · 팽나무의 계선주 역할   72
  · 팽나무의 보전 방안   74
  · 전라북도 지역의 문화재 팽나무   75

제3장 하제 지역의 간척 전·후

1. 무의인도라 불렸던 선연리 ------- 80

· 하제마을 내 옛 지명   80
· 하제(화산)마을은 독립적인 섬   82
· 무의인도(無依人島)로 불린 옥녀봉~하제마을   83

2. 바닷물이 들어오고 나가는 지형 ---------- 92

· 1910년의 하제 동쪽의 조간대   92
· 송촌마을 앞까지 들어온 바닷물   93
· 광활한 평야의 간석지   94

3. 일제강점기 지형도를 통해 본 간척 경과 ---- 96

· 불이농촌과 옥구농장   96
· 선연리는 조간대였다   98
· 불이농촌에 의한 간척 지형   99
· 불이흥업에 의해 간척이 완료된 지형   100
· 피땀으로 이루어진 곡창지대   101
· 과거의 물길   102

4. 1960년대 하제 포구 전경 ------------ 104

· 하제 포구 주변의 갯벌   104
· 하늘에서 본 갯벌   105

제4장 일제강점기의 군산비행장

1. 일제강점기의 비행장 ----------------- 108

· 군산 육군비행장 연혁   108
· 군산비행장 활주로   109

2. 해방 이후의 미 공군비행장 ------------ 110

· 군산 기지를 정찰하고 있는 정찰기   110
· 1950년대의 비행장 모습   111

제5장 하제 지역의 식생 조사

1. 하제마을 식물 이야기 ----------------- 114
2. 대표적 식물 ------------------------ 116
   · 팽나무   116
   · 소나무   117
   · 곰솔   118
   · 묏대추나무   119
   · 꾸지나무   120
   · 버드나무   121
   · 가죽나무   122
   · 바위솔   122
   · 기린초   123

부록

· 구술담 #1 ----------------------- 128
· 구술담 #2 ----------------------- 129
· 구술담 #3 ----------------------- 130

맺음말 · 133
참조문헌 · 134

제1장

하제의 발자취와 유산

1 하제마을의 행정구역

🐢 군산시 행정구역 변천

1896년		1899년		1910년
전라북도 옥구군 임피군	⇨	옥구부 임피군	⇨	군산부 임피군

	1914년		1949년		1995년
⇨	군산부 옥구군	⇨	군산시 옥구군	⇨	군산시

　책을 시작하기에 앞서 일제강점기의 행정구역을 다루다 보면 생소한 명칭이 나와 이해를 돕고자 그 변천을 소개하고자 한다.

　군산의 행정구역은 1895년 갑오개혁 때 현(縣)이 군(郡)으로 통일됨에 따라 옥구현이 옥구군으로 바뀌었으며, 이듬해인 1896년에 전국이 13도 체제로 바뀌면서 전라도가 아닌 전라북도로 바뀐다.

　대한 제국 시기(1897~1910년)인 1899년 군산항이 군창이라는 이름으로 개항장으로 지정되면서 옥구군이 옥구부(府)로 승격되었다가, 1910년 국권 피탈과 함께 종래의 옥구부(府) 일원이 군산부로 개칭되었으며, 1914년 조선총독부령 제115호 시행으로 전국적으로 행정구역 개편이 이루어지면서 군산부의 도심 지역인 개항장만을 군산부로 남기고 군산부의 잔여 지역 및 임피군이 옥구군으로 통폐합되었으며, 1995년 도·농 통폐합 정책으로 군산시와 옥구군이 통합되어 복합도시로 현재에 이르고 있다.

🧭 옥서면 선연리 하제마을

조선 시대 옥구군	구읍면 (1914년 개편명)	선연리 (1914년 개편명)
동면, 미면 **정면, 서면** 북면, 박면 장면, 풍면 ⇨	정면과 서면을 병합 **(선연리 등 8개 리)** ⇨	송촌리, 상제리, 중제리, **하제리**를 병합

정면(선연리, 선제리, 수산리, 오곡리, 옥봉리, 상평리)과 서면(옥정리, 이곡리) 지역은 1914년 행정구역 개편 당시에 병합하여 구읍면으로 개칭되었으며, 1935년에 어은리가 신설되어 편입되었다.

이후 구읍면은 1935년 옥구면으로 개칭 후 1980년 옥구읍으로 승격되었으며, 옥구군 옥구읍 서부출장소는 1989년 4월 옥구읍에서 분리될 때 옥서면이라는 지명을 갖게 되었는데 옥구의 서쪽에 있다 하여 붙여진 지명으로 군산공항 및 미군비행장 일대인 선연리와 옥봉리 지역이다.

하제마을은 조선 시대에는 옥구군 '정면(正面)'이라는 지역이었다. 1914년 행정구역 개편 당시 송촌리, 상제리, 중제리, 하제리 등을 병합할 때 통일 신라 시대 대문호였던 고운 최치원(崔致遠)에 관한 설화 등 이곳에 머물다간 인연이 있음을 기리기 위해 만들어진 지명으로 당시 선연리의 법정리는 옥구군 구읍면 선연리였으나, 현재는 군산시 옥서면 선연리로 바뀌었다.

최치원에 관한 설화는 선연리뿐만 아니라 내초도의 금돈시굴(金豚始屈), 신시도의 월영대, 옥구 지역의 지역명이었던 문창(文昌)이 고려 현종 14년 최치원이 하사받은 시호 이름으로 등장하는 등 다양하게 전해지고 있다.

선연리 마을 중 상제마을과 중제마을은 일제강점기부터 비행장 건설로 이미 흔적 없이 사라진 마을이다.

하제마을은 옥서면의 제일 남단에 있으며, 만경강 하류에 자리한 작은 어촌으로 하제 역시 마을이 해체되었지만 아직까지는 생태 문화적으로 지켜야 할 유산이 많이 남아 있다.

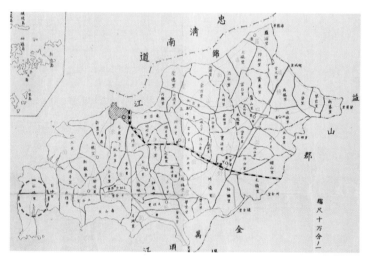

전라북도 옥구군 관내도 〈출처: 郡勢一班(1921)〉
붉은 점선 지역은 선연리로 오늘날 군산공항 및 미군비행장 일대다.

2 역사 속의 하제 지명

아주 옛적에는 옥녀봉에서 화산까지는 무의인도(無衣人島)라는 남북 방향의 길쭉한 형태의 섬이었던 까닭에 마을도 산자락의 구릉 지대를 끼고서 사다리 모양으로 형성되었다. 그러다 보니 마을 이름이 그대로 상제, 중제, 하제로 불리었고 하제의 제는 '사다리 제(梯)' 자를 쓰고 있다.

물론 역사서를 찾아보면 하제(下梯)라는 말에는 큰 의미가 없으며 단순하게 아래를 지칭할 때 하제라는 표현을 종종 쓰기도 한다. 하지만, 혹자는 옥구저수지의 아래에 있다거나 또는 제방에 접해 있다는 이유로, '둑 제(堤)' 자로 표기하는 경우가 가끔 눈에 띈다.

'사다리 제(梯)' 자로 표기하는 하제는 조선 시대의 인구와 호수를 기록한 1789년의 『호구총수』, 조선 시대 회의 기관인 의정부에서 편찬한 1880년의 『왜사일기』, 일제강점기에 조선총독부 육지측량부에서 발행한 지형도 등 여러 곳에서 어렵지 않게 찾아볼 수 있으며, 하제라는 지명은 『호구총수』에서 처음 등장하는 것으로 보인다.

🦐 호구총수

1789년에 발행한 조선 시대의 인구와 호수를 기록한 『호구총수』의 제6편 전라도를 살펴보면 옥구현은 동면, 미면, 서면, 정면, 북면, 박면, 장면, 풍면으로 구성된 총 8개 면으로 이루어져 있으며, 지금의 선연리가 속해 있는 정면(定面) 지역은 848가구에 전체 3,104명이며 남자는 1,414명, 여자는 1,690명이라고 기록하고 있다.

옥구현 정면 지역의 14개 리(里) 중 상제리(上梯里), 중제리(中梯里), 하제리(下梯里)가 표기되어 있어 근대에 개간으로 인해 만들어진 들판의 지명이 아닌 역사성 있는 마을이라는 것을 알 수 있다.

〈출처: 호구총수〉

면 이름	호(戶) 수	인구	면 이름	호(戶) 수	인구
동면	390	1,155	북면	744	2,456
미면	693	2,416	박면	424	1,547
서면	277	957	장면	509	1,413
정면	**848**	**3,104**	풍면	565	1,601

호구총수(1878년) 〈출처: 서울대학교 규장각〉
옥구현 8개 면 중 정면의 인구가 3,104명으로 제일 많으며, 제일 작은 면은 서면으로 957명이다.

🐾 왜사일기에 등장하는 해도 측량

　조선 시대의 회의 기관인 의정부에서 편찬한 책인 왜사일기는 고종 12년(1875년)부터 고종 17년(1880년)까지 5년에 걸쳐서 일본과의 외교 관계의 내용을 적은 것으로 주로 장계에 관한 내용이 일기체 형식으로 적혀 있다. 1880년에 간행한 『왜사일기(倭使日記)』에는 1876년 강화도 조약 체결 후 2년 뒤인 1878년 해안선의 관측 및 측량을 위해 일본 해군 소속 천성함(天城艦)의 종선들이 화산(花山)변에 정박하고 하제에 머무는 동안 문정하는 내용이 기록되어 있다.

　1878년 6월 일본 해군 수로국 소속의 천성함은 당시 조선의 해양개척을 위해 울릉도 등 여러 해안조사 및 측량을 실시하고 일시 귀환 후 재차 7월 나가사키 항을 떠나 충청도 비인(庇仁) 도둔(都屯) 땅에 정박하면서 천성함의 종선 2척은 향후 개항 후보지 등을 위한 수심측량을 위해 8월에 군산 지역의 금강 하구를 통한 임피, 또 다른 종선 한 척은 하제의 화산 및 어은리 오봉산에 들려 만경강 하류 일대를 살핀 것으로 드러났다.

천성함 〈출처: http://ja.wikipidia.org〉
천성함은 1880년도에 울릉도 측량을 했던 측량선이다.

일본의 함대가 조선의 통제를 받지 받고 자유로이 해양조사 및 수심을 측량할 수 있던 이유는 우리가 강화도 조약이라고 알고 있는 1876년 2월 체결된 『조일수호조규』의 조항 때문이다.

제7조는 "조선국의 연해·도서·암초는 종전에 번검을 하지 않은 까닭에 지극히 위험하므로 일본국의 항해자가 자유로이 연안을 측량함을 허가하여 그 위치·심천을 명세히 하고 도지를 편제하여 양국 선객으로 하여금 위험을 피하고 평온하게 항해할 수 있도록 한다."라고 설명되어 있다. 하지만 실제로는 개항을 위한 후보지 선정과 군사적 목적인 해도 작성을 위해 필요했으며, 제7조의 조항으로 인해 아무런 통제 없이 조선의 모든 해안선에 대하여 수심측량이 가능했다.

1878년 8월 『왜사일기』의 전라감사 이돈상의 장계에 의하면 "8월 3일 유시에 지경점(地境店)으로부터 서쪽으로 40리 거리의 화산에 저들의 배가 닻을 내리고 머물렀으나, 날이 이미 저물 무렵이 되어 즉시 문정하지 못하고, 다음날 4일 진시(辰時)에 문정하고 살펴본 배 모양은 선두가 뾰족하고 꼬리가 네모지며 석회(石灰)가 발라져 있고 길이는 4파(把), 너비는 1파 3척(尺) 5촌(寸)이 되고 높이는 4척이며, 범죽(帆竹)은 2개인데 길이는 각각이 5파가 되며 배의 깃발은 흰 바탕에 붉은 중심이 있었으며, 배 안에 있었던 물품은 단지 노죽(櫓竹) 10개, 만리경(萬里鏡), 화경(火鏡) 등의 것만 있었고 다른 기계는 없었으며, 저들 14명이 함께 하륙하여 양군서(梁軍西)의 집인 화산변(花山邊)의 하제촌(下梯村)에서 접대하여 앉아 있었고 사후의 상황은 계속 치보할 계획이다."라는 내용이 등장한다.

이후 "화산에 머물렀던 천성함의 종선은 화산을 떠나 오봉산(五峯山) 아래에 당도하여 잠시 정박하여 머무르다가 3인이 산에 올라가서 한곳에 모여 앉아 원근을 바라보고 곧 배에 올라서 다시 돛을 달고 본선이 있는 충남 비인을 향해 떠나야 했지만, 날이 어둡고 조수도 이미 빠져서 화산에 다시 정박했다. 다음날 6일 배를 출발하여 충청도 연도(烟島) 지역으로 향했고, 또 다른 종선 한 척은 임피 경내의 상류로 갔다가 4일 석수(汐水)에 임피 경내에서 다시 내려왔으며, 장암(長巖) 바다 뒤에서 곧 나아갔다."라는 기록과 "비인에 정박하고 있는 원선에 대해 문자 원선의 총원은 130명이고 원선의 주관자를 문자 천성함의 함장은 해군 소좌 종 6위 마쓰무라 야스타네다."라고 답하는 기록이 나온다.

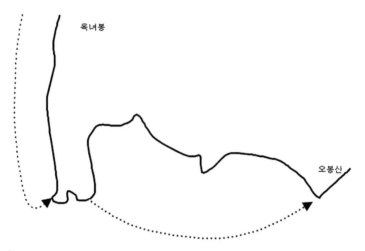

측량선 이동 경로
서해에서 남쪽으로 내려와 화산에서 정박 이후 오봉산 정상에서 해양을 관측하며 충남 비인으로 복귀.

당시 일본 해군 수로국은 조선에 대한 해안별 또는 중요 거점 지역에 대하여 측량 결과를 토대로 많은 해도(海圖)를 작성하였는데 서해안 및 군산포(群山浦)의 해도가 작성돼 있다.

화산봉수대가 있었던 화산에서 바라보는 저녁노을의 아름다움을 표현한 화산낙조는 옥구팔경 중의 하나로 지금은 미 군사기지로 편입되어 있어 화산 정상으로의 내부 진입이 어렵지만, 화산변은 과거 모래사장이 있어 해당화가 피어나는 명사십리로도 유명한 곳이었다.

하제의 화산에 8월 3일 올라가 죽통을 통해 바다를 관찰하며 기록하였지만, 동쪽으로 내려가 오봉산에 오른 이후 다시 원선인 천성함이 있는 충남 비인을 향해가는 도중 다시 화산에 머물렀던 이유는 화산변의 만곡부가 배를 안전하게 정박하기 좋은 장소였던 것으로 판단된다.

해양관측을 위해 올라갔던 오봉산의 오봉망해 역시 서해의 아름다움을 표현한 옥구팔경 중의 하나지만 1938년 행천이라는 자가 간척을 위해 오봉산에 있었던 4개의 봉우리를 없애 갯벌을 메우는 바람에 현재는 한 개의 봉우리만 남아 있는 상태로 과거처럼 낙조 등을 관망할 수 없는 상태다.

하제라는 지명은 그냥 이름 없는 지역의 아랫마을이 아니고 역사 속에 등장하는 지명이다. 화산 지역에는 과거에는 사람이 거의 거주하지 않았고 하제마을의 600년 팽나무를 중심으로 마을이 형성된 걸 보면 하제촌의 양군서(梁軍西)의 가옥도 600년 팽나무 생육지 근처일 것으로 추정되며, 화산봉수대 정상과 600년 팽나무 거리는 1.2km에 불과하다.

한편, 왜사일기에서 등장하는 천성함의 측량을 토대로 작성된 1878년 일본 해군 수로국에서 당시 발행된 세 종류의 약도를 발견하였다. 수로국은 1878년 8월 충청남도 비인, 전라북도 금강, 화산(하제)~오봉포구 등의 해안선 측량 성과를 토대로 1878년「朝鮮國淺水灣略圖」,「朝鮮國長浦江口略圖」,「朝鮮國沃構灣略圖」를 발행하였는데 수심이 표기되지 않는 초기 약도로 이듬해 1879년 수심을 표기하여 재발행하였다.

충남 비인 일대는 천수만, 금강은 장포강, 화산(하제)~오봉포구는 옥구만의 제목으로 약도를 발행하였는데,「조선국장포강약도」안의 설명에 1878년 8월 비인에 정박한 천성함의 측량내용을 실었기 때문에 왜사일기에 등장하는 측량을 토대로 작성된 것이라는 것을 정확히 알 수 있었다. 여기서 주목할 점은 「조선국옥구만약도」에 하제리(下梯里)가 화산(花山)과 더불어 표기되어 있다는 점이다.

화산, 하제리, 성산리, 둔산리, 월하리, 오봉리의 해안선을 따라 지명이 붙어 있어, 이 약도를 그린 의도를 잘 알 수 있으며, 필자가 그동안 찾아본 하제의 지명이 지도에 표기된 것으로는 이 약도가 제일 연대가 빠른 것으로 생각된다.

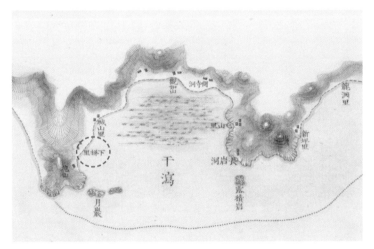

| **옥구만약도**(1878년 일본 해군 수로국 발행) 〈출처: 미 의회도서관〉

🐾 하제에서 화산까지의 길

하제의 지명을 지형도 안에서 살펴보기로 한다.

1910년에 측량하여 1913년 일본제국의 육지측량부에서 발행한 오만 분의 일 지형도로 1914년 행정 통폐합이 이루어지기 전인 정면(正面)

의 행정구역이 보이는 지도다. 해안선의 조간대 등이 상세하게 그려진 지도로 옥녀봉에서 화산까지의 바닷가의 선형이 지금의 'I' 자 형태가 아니고 'S' 자 형태로 그려져 있어 눈길을 끈다. 하제라는 지명이 현재의 지형과 다름없이 등장하고 600년 팽나무 부근에 촌락들이 표기되어 있으며, 일제강점기에 비행장 건설로 사라진 상제 및 중제마을도 표시되어 있다.

한편 독립수(獨立樹)인 활엽수 2본이 비교적 구체적으로 현재의 600년 팽나무가 있는 지점에 표기되어 있는데 이 부분은 별도로 제2장에서 논하기로 한다.

군산지도(1913년 일본 육지측량부) 〈출처: 국립중앙박물관〉
조선총독부가 아닌 일본에서 발행한 지도다.

한 가지 주목할 점은 중제 좌측에 등고선과 함께 해발 22m라고 자세하게 명기되어 있는데 이 지점은 최치원의 자천대가 있었던 지점으로 추정된다.

상제에서 하제까지는 중로(中路)급 도로가, 600년 팽나무 서쪽에서 화산변까지는 소로(小路)급 도로가 그려져 있는데, 화산봉수대가 있었기 때문에 형성된 길이거나 화산낙조를 조망하는 길로 추정되지만, 지금은 사라진 길이다.

🐾 하제리(里)로 표기된 약도

전라북도 군산부 약도(略圖)에는 하제리를 표시하고 있다.

1912년에 개설된 군산선, 1914년 행정구역 통폐합 이전의 행정구역인 정면 등의 지명, 1914년의 통폐합 행정지명인 선연리가 등장하지 않은 반면에 임피군의 지명이 기록되는 걸 보면, 군산부 약도의 원도는 1912~1913년도에 생산된 것이다. 이후 1914년에 옥구군과 임피군의 행정구역 통폐합이 이루어지자 통폐합 전(前)은 검은 실선, 통폐합 후(後)는 붉은 실선으로 구분하여 수정한 약도다.

개략적인 약도에도 상제리, 중제리, 하제리 등의 행정구역이 대표적으로 표기되어 있다. 예전에 쓰였던 마을 이름이 일제강점기와 근대를 거치며 고유의 표기를 잃는 경우가 많았지만, 하제의 지명만큼은 사라지지 않고 꾸준하게 이어오고 있어 우리에게 시사하는 바가 크다.

일제강점기의 전라북도 군산부 약도 〈출처: 국가기록원〉
상제, 중제, 하제마을이 리(里) 단위로 표기되어 있다.

🐾 600년 팽나무에 근접한 강줄기

1916년 측량하여 1919년에 조선총독부의 육지측량부에서 발행한 오만분의 일 지형도로 1914년 행정 통폐합 이후 만들어진 선연리의 행정구역이 등장한다. 해안가 선형은 단순해고 땅의 지형이 변하기도 하였지만 육지부 형질은 예전보다 구체화되고 있다.

일제강점기 때의 토지 이용 현황을 엿볼 수 있는 지도로 중제마을 부근과 옥구저수지 부근에 큰 염전이 보이며, 하제로 표기되어 있는 지점에 있는 600년 팽나무는 동쪽으로 불과 100m 정도 떨어진 지점에 강하류 줄기가 보여 1916년 당시만 해도 근접하여 강물이 들어왔다는 걸 알 수 있다.

한편, 1913년 지형도에 표시되어 있는 자천대 부근의 중제마을의 등고선과 해발의 수치는 이 지도에서는 사라졌지만 대신 자천대 위치에 한자를 표기하여 자천대를 특별히 주목하고 있는 지도다.

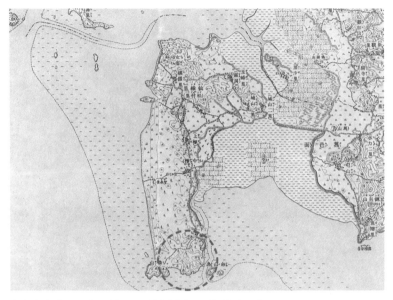

군산지도(1919년 조선총독부 발행) 〈출처: 국립중앙박물관〉
하제마을이 지금의 600년 팽나무 중심으로 발달되어 있으며 만경강 하류 물줄기가 지나가고 있다.

🐍 중생대 백악기 역암층

| 화산 지역 역암층 내 발달된 타포니 전경

　하제의 난산, 화산 등은 중생대 백악기 역암층의 지질로 "하제 선착장 주변 해안가에 노두로 나타남으로써 자홍색의 백악기 역질사암, 역암, 이암 그리고 사암으로 구성되고, 화강암, 사암, 이암 등이 역으로 나타나며 하도에서 형성된 퇴적암도 자주 관찰되어, 새만금 지역의 백악기 퇴적환경에 대한 정보를 제공한다."라고 2017년 전북대학교 산학협력단의 「고군산군도 지질공원 지질명소 발굴 최종보고서」에서 지질명소로서 언급될 정도로 학술적으로 중요한 곳이다. 그러나 접근성 및 보존 상태, 자연경관, 교육·관광 및 역사·문화 등의 지표점수가 낮아 지질명소인증 후보지로는 탈락했다.

　미 군사기지의 바닷가 쪽에서 조망되는 화산의 역암층은 기암들로 정말 화려하고 특질이 우수하며, 화산변은 백악기 신라층군으로 군산에서는 유일한 지역으로 알려져 있다. 화산 뒷자락의 공사용 진·출입로를 이용하여 바닷가를 옆에 두고 걷는 게 가능해지면서 붉은 역암층을 눈앞에서 볼 수 있었는데 잠시 공룡이 살던 시대에 온 것 같은 착각에 빠질 정도다. 이제는 과거와 달리 새만금 지역 내 동서도로의 개통, 향후 남북도로의 건설, 600년 팽나무 등의 생태 등의 부각, 화산낙조 등의 여건이 반영된다면 향후 지질명소의 재신청도 고려해볼 만하다.

🐍 화산봉수대

| 바닷가에서 바라본 화산 외부 전경
| 내부는 미 공군비행장으로 들어갈 수가 없는 지역이다.

화산의 일부 전경이다. 화산해변은 과거 명사십리 금모래 빛으로 가득했다고 하지만 역암층 주변 움푹 들어간 꽤 큰 터가 보여주는 것처럼 지금은 곳곳이 갈대가 가득한 장소로 변해버렸다. 『세종실록지리지』에 의하면 "봉화가 4곳이니 화산은 북쪽으로 점방산에 응한다."라고 하며,

『신증동국여지승람』에는 "화산은 현의 서쪽 25리에 있다."라고 하며 봉수대의 존재를 알리고 있다. 이는 서해로 왜구가 출몰하는 것을 알리는 첨병 역할을 했던 봉수다. 또한, 1942년 조선총독부에서 발행한 『조선보물고적조사자료』에는 "화산 위에 2개가 있으며, 주위 7간의 원형 석축으로 봉대가 있으나 전부 붕괴되었다."라고 기록되어 있으나 지금은 군사시설이 되어 진입이 불가하여 상태를 알 수 없고 바닷가 쪽에서 화산의 역암층만 바라볼 수 있을 뿐이다. 선연리 화산에 대해서는 1986년 한글학회에서 발행한 『한국지명총람』에서는 "하제 서남쪽 바닷가에 있는 산으로 원래 섬이었으나 바다를 개척하여 육지가 되었다."라고 설명하고 있다. 서해안은 조수간만의 차로 인하여 많은 간석지가 생성되는데, 현재 우리가 아는 평야는 거의 일제강점기 때 간석지에 제방을 쌓아 농지로 개간한 곳이다.

🐢 명사십리 위의 자천대

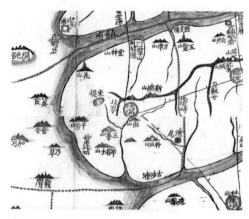

대동여지도 〈출처: 서울대 규장각〉
최치원의 독서대였던 자천대(紫泉臺)가 표시되어 있다.

바위산 옆 연못의 빛깔이 항상 붉어 '붉은 연못가의 바위산'이라는 뜻의 이름을 가진 자천대는 『동국여지승람』에 "자천대(紫遷臺)는 서해안에 있다. 지세가 평평하고 넓으며, 샘과 돌이 가히 사랑할 만하다.

세상에서 전하기를 최치원이 놀던 곳이라 한다."고 기록되어 있으며, 『여지도서』의 옥구 편 고적에는 "옥구현의 서쪽 이십 리 해변의 자천대는 최고운이 머무른 장소라고 전해진다(紫遷臺在縣西二十里海邊俗傳崔孤雲所游處)."라고 구체적으로 서술하고 있다. 비단 고서뿐만 아니라 일제강점기에도 자천대의 언급은 계속되고 있다. 조선총독부에서 발행한 1919년 지형도에는 중제 서쪽 끝자락에 자천대를 표기하고 있으며, 1923년 조선일보 전라도 속 팔도 편의 기사에는 "자천대는 부(府)서 이십 리인 중제리에 있다. 고운 최치원이 독서를 하던 곳이며, 기암이 중첩하여 절애를 이루었는데 눈앞에는 대해요서(大海遙嶼)가 나열되어 있고, 풍범사조(風范沙鳥)의 풍광은 실로 전군에 최고 경색이다."라는 말과 함께 중생대 백악기 역암층의 기이함과 망해를 설명하고 있다.

1934년 비행장 확장 공사로 인하여 없어질 위기에 처하자 당시 옥구군수와 유림들에 의해 자천대를 현재의 옥구향교 옆으로 옮겼다.

1959년 4월 6일 자 조선일보는 "군산에서 서남방 삼십 리가량 들어가면 군산비행장 경내에 자천대가 있었는데 지금은 비행장 확장으로 정자만 상평리향교로 옮기고 대(臺)는 없어졌다. 이 자천대가 있던 자리에는 명사십리로 이름난 모래사장 위에 고립된 대가 있어 진경을 이루었고 대 밑에서 샘솟은 물이 자색이라 자천대라 이름 지었다."라고 하여 별도로 대의 위치에 대하여 언급하고 있다.

옥구향교 내 현재의 자천대는 1967년에 위치를 옮겨 재건된 것으로 1984년에 전라북도 문화재자료 제116호로 지정되었다.

🐾 마을의 수호신 석장승

석장승 〈출처: 군산대학교 박물관〉
후면에는 제법 큰 성혈이 마모 없이 선명하게 있다.

군산대학교 박물관의 입구부 우측 편에 있는 석장승은 1970년대에 새마을운동 당시 선연리 하제마을 입구에 세워져 있었던 장승으로 마을 길을 넓히면서 쓰러져 방치되어 있었던 것을 군산대학교 박물관으로 옮긴 것이다. 얼굴 뒤쪽에는 곳곳에 작은 구멍들이 뚫려 있어 오랜 시간 동안 풍요와 다산 등을 기원하던 민간신앙의 대상이고, 군산 지역에서는 유일하게 확인된 석장승으로 군산 사람들의 민간신앙을 나타내는 중요한 유물이라고 옆에 세워진 표지판은 설명하고 있다.

석장승의 형상을 살펴보면 깊게 파인 주름과 치켜세워진 눈꼬리, 처진 귀, 승복을 연상케 하는 복장으로 기술적으로는 비교적 단순한 음각으로 상체까지만 장승의 형태로 있어 장승의 높이는 1.1m에 지나지 않지만, 인상은 부드러우면서도, 눈꼬리 때문인지 근엄한 인상을 주고 있다. 석장승의 전면부 하단에는 '옥매고상상(玉玫高想像)'이라는 한자가 적혀 있다. 여기에서 '玫' 자는 '매괴 매' 자로서 어학 사전을 살펴보면 ① 매괴(붉은빛의 돌), ② 붉은 옥의 이름, ③ 아름다운 돌이라는 의미를 띤다. 매괴(玫瑰)라는 단어는 국립국어원에서 발행한 『표준국어대사전』을 찾아보면 ① 중국 남방에서 나는 붉은빛의 돌, ② 해당화의 뿌리와 껍질에서 빼낸 물감, ③ 꽃잎이 겹으로 피는 해당화의 한 품종이라고 정의하고 있다.

과거 중제에서 하제까지 이어지는 명사십리에는 해당화가 만발했는데 하제마을의 상징을 해당화로 표현한 건지, 아니면 붉은 돌이라는 의미대로 명사십리 해당화 위의 독서대였던 최치원의 자천대를 상징하는 한자인지는 알 수 없지만, 하제마을과 관련된 표현으로 보인다. 이 석장승에 대하여 1970년대 당시 마을 이장이셨던 최규선 님은 "600년 팽나무로부터 대략 50m 떨어진 곳에 마을 입구가 있었는데, 어느 날 아침에 보니 전날까지 있었던 돌로 만든 장승이 없어졌다."라고 말씀해주셨다. 이야기를 듣고 깜짝 놀라 사진을 문자로 보내드리고 설명해드리니 맞다고 하셨다.

70년대는 하제 포구가 황금어장이었던 시절로 많은 가구가 들어와 있던 때였다. 당시 상황이 표지판의 설명대로 방치되어 훼손될 우려가 있었다면 주변으로 옮겨 재설치하는 게 맞지 않았을까 생각한다. 지금은 흩어진 보물급 문화재도 당초에 있었던 자리로 복원하려는 움직임이 많다. 600년 팽나무와 더불어 또 하나의 명물이었던 하제마을의 석장승을 관계기관의 협조를 통해 당초의 위치대로 추후 복원이 필요하다는 생각이다. 철조망 안의 사라진 마을이 아닌 오늘도 내일도 하제의 역사와 문화를 이어지게 하는 구심점이기 때문이다.

🐾 매장문화재 어망추

삼국시대 전후에는 완전한 섬이었을 하제마을은 우리의 조상들이 정착해서 어업 활동을 했던 흔적이 유물로 발견된 장소이기도 하다.

2020년 8월 600년 팽나무와 직선거리로 50m 정도 떨어진 산등성이 아래에 있는 마을 길을 걷던 중 콘크리트 포장도로 우측 측면부 언덕 아래 모래질 토층에서 삼국 시대 전후의 것으로 추정되는 매장문화재인 어망추 2점을 발견하여 신고하였다. 그동안의 계속된 장마에 의해 땅이 패여 노출된 것이다.

어망추는 원추형으로 만들어진 토추(土錘)로 중앙에 구멍이 장축으로 일주하고 있는 형태다. 근대에는 지금은 금지된 납추 등을 낚시도구에 매달아 사용해왔지만, 그 이전 시대에는 토추 또는 석추 등을 사용해왔다. 유연한 나무줄기인 버드나무류 같은 줄기에 황토 진흙을 반죽하여 원추 형태로 붙인 다음 손으로 형태를 가다듬어 어망추를 만들기 때문에 표면이 살짝 눌러진 자국이 생겨난다. 어망을 강물에 가라앉히기 위해 달았던 무거운 물체가 바로 토추이다. 토추의 크기는 길이 70mm,

넓이 17mm, 두께 15mm, 다른 한 점은 길이 55mm, 넓이 15mm, 두께 15mm의 총 2점으로 사질토층에 세워진 상태와 뉘어져 있는 상태로 같은 장소에서 발견되었으며, 표면은 매끄럽고 양호하며, 일부 탄화 흔적이 보이기도 한다. 토추 한 점의 구멍에는 작은 다슬기 같은 패류의 조각들이 들어 있었다.

매장 문화제 발견 신고를 통해 국립완주문화재연구소에서 간략히 현지조사를 했지만, 이곳저곳에서 조선 시대 백자의 조각들도 흔하게 보이기 때문에 추후 일대 지표조사를 하게 될 경우, 다양한 유물·유적이 나올 것으로 기대된다.

하제마을에서 발견된 토추 1, 토추 2

4 하제마을의 공동체 붕괴

🐾 잃어버린 하제 포구

한때 하제 앞바다는 황금어장으로 전국에서 유일하게 어패류 위판장이 있었던 지역이다. 1970년대에는 노랑조개를 일본에 수출하던 곳이 있었기 때문에 전남 지역에서도 이주하여 정착한 사람들이 많을 정도로 번창했던 곳이다. 마을을 떠난 원주민의 이야기를 들어보면 우스갯소리지만, 지나가는 개도 종이 지폐를 물고 다닌다고 말할 정도이니 대략 짐작이 된다.

1970년대 하제 포구가 번창하던 시절에는 강가에서 많은 조개류를 바로 까는 작업을 하다 보니 그 조개껍데기들이 자연제방의 하천에 그대로 쌓여 하천 폭이 좁아지자 썰물 때에는 당시 배들이 빠져나가지 못하여 이대로 가다가는 수년 안에 항이 폐쇄될 것이라는 이야기가 돌기도 하였다. 그 어패류들은 지금 포구 주변 폐허가 된 건물터에 두터운 층으로 유적지처럼 곳곳에 남아 있다. 이후 바깥쪽에 지금의 선착장이 만들어지고 제방도 개선되었지만 72년 04월 지방 어항으로 하제 어항은 새만금 간척 사업 지구 내에 들어가고 새만금 방조제가 완공됨에 따라 2006년 07월 김제시 심포항과 더불어 화산 남측 돌출부와 난산도 돌출부를 연결한 선내 수역 구역의 선연리 하제 지방 어항이 해제 고시된 이후, 강가에는 이제 더 이상의 어업 활동을 할 수 없는 너부러진 폐선들만 있을 뿐이다.

🐾 수용된 하제마을

2002년 10월 대한민국과 미합중국 간의 '연합토지관리계획(Land Partnership Plan)'이라는 새로운 협정이 체결될 당시의 비준 동의안 내용을 보면, 주한 미군의 기지·시설, 훈련장 및 안전지역권 등 3개 분야에 대하여 실시하도록 하되, 이 협정의 체결을 통하여 미합중국 측은 우리 측에 대하여 주한 미군 부대의 일부 시설과 구역을 반환하고, 우리 측은 미합중국 측에 대하여 주한 미군의 이전에 필요한 새로운 시설과 구역을 공여함으로써, 주한 미군의 부대·기지 및 시설의 합리적 통합을 유도하고, 주한 미군의 부대방호 및 그 준비태세를 강화하는 한편, 우리 국토의 균형된 개발과 효율적 사용을 증진하려는 것이라고 명시되어 있다.

국내기지의 과도한 팽창을 막기 위해 전 국토를 통합 관리한다는 측면으로 이해되지만, 팽창되고 있는 어느 지역에서는 수백 년 이상의 역사와 문화가 분명 사라지고 있는 게 현실이다. 상제와 중제마을은 흔적조차도 찾을 수 없으며, 연속선상에서 이제 하제마을이 직면하게 된 것이다. 하제마을은 국가정책인 새만금 간척 사업으로 새만금 방조제가 만들어짐에 따라 옥서면 선연리의 하제 지방 어항이 '06년 폐쇄된 이후 주민들은 삶의 터전을 이미 잃어가기 시작했다. 게다가 설상가상으로 선연리 내 미군기지를 위한 한미연합토지관리계획(LPP) 협약에 따라 탄약고 안전거리 확보사업을 위해 마을 내 가구들이 단계적으로 빠르게 강제 수용되어 공동체가 해산된 채 역사 속으로 사라져 가고 있다.

옥서면 하제마을은 '연합토지관리계획'에 의거 2002년 이후 국방부에 의해 용지 및 지장물 매수 등을 지속적으로 수용해온 결과, 현재는 마을이 사라지고 입구부에 두 가구만 남아 있다. 비행기 소음에 시달려도 생계를 위해 터전을 버릴 수 없어 꿋꿋이 버텨왔던 주민들이었지만 국가정책에 의해 이주해야만 했다. 2012년 내초동과 어은리에 이주 단지가 조성된 이후 당시 많은 사람이 그곳으로 이주했고, 그 외 지역으로 떠난 사람들도 많다.

현재는 그 하제마을에 거대한 600년 팽나무와 200년의 소나무가 산림청의 「산림의 조성 및 관리에 관한 법률」에 따라 '04년 보호수로 지정된 채 상징적으로 빈 마을을 지키고 있다. 수용된 마을이지만 역사와 문화는 지켜야 한다고 필자는 생각한다. 이것마저 사라진다면 누가 역사를 기록하고 지킬 것인가?

🐌 하제마을의 여씨촌

하제마을의 형성 시기는 군산시 홈페이지 기록을 보면 알 수 있다. "선연리 하제마을은 만경강 하류와 서해가 만나는 바닷가 마을이며 선연리의 끝에 해당한다. 하제 땅은 군산비행장을 인근에 두고 있어 모퉁이인데 신라의 대학자 고은 최치원 선생이 젊은 시절 무릎을 꿇고 공부하여 바위가 닳아 무릎 자국이 남아 있다는 자천대(紫泉臺)가 있

성씨, 본관별	행정구역별(시군구)	2015
여(余)	전국	20,134
	서울특별시	2,823
	부산광역시	3,367
	대구광역시	1,256
	인천광역시	709
	광주광역시	196
	대전광역시	295
	울산광역시	684
	세종특별자치시	35
	경기도	3,207
	강원도	411
	충청북도	384
	충청남도	362
	전라북도	252
	전주시	75
	완산구	46
	덕진구	29
	군산시	80
	익산시	42
	정읍시	11
	남원시	7
	완주군	8
	진안군	5
	무주군	5
	임실군	8
	고창군	6
	전라남도	352
	경상북도	1,713
	경상남도	4,027

의령 여씨 본관별 자료 〈출처: 통계청 국가통계포털〉

었다. 그러나 이 자천대는 일제강점기에 군산비행장을 만들면서 옥구읍 상평리 문창서원으로 그대로 옮겨졌다. 자천대에는 자주색 돌로 된 석룡(石龍)을 비롯하여 최치원 선생의 무릎 자국이 남은 바위와 친히 마셨다는 우물도 있다. 이 마을에는 300여 년 전 의령 여(余)씨가 처음 정착한 후 오늘에 이르러 122세대, 430여 명이 논 110헥타르에 의지하며 어업

을 생업으로 삼는다."라는 내용으로 백제 의자왕의 후손인 여선재(余善才)
를 시조로 하는 의령 여씨가 300여 년 전 정착하여 형성된 마을임을 말해
주고 있으며, 통계청의 전북 지역 의령 여씨의 분포도 설명으로 뒷받침할
수 있다.

통계청의 2017년 성씨 본관별 시·군·구청 자료를 보면 의령 여(余)씨가
전라북도에서는 군산시에 제일 많이 거주하고 있다는 사실을 알 수 있
다. 실제로 주민들의 이야기를 들어보면 소나무와 팽나무 근처의 여씨촌
을 여머리, 여멀이라 불렀다고 한다. '멀'은 마을이기 때문에 여멀은 바
로 여씨촌을 말한다고 할 수 있다.

의령 여씨의 집성촌 이야기는 상당히 중요하다. 군산에 미군기지를
지을 때 탄약고의 안전거리를 확보한다는 이유로 조상 대대로 살아왔
던 마을의 토지와 600여 가옥들이 강제 수용되어 마을의 공동체가 해
체되고 주민들이 떠난 작금의 현실 속에, 살아 계신 하제 토박이분들을
수소문하여 600년 팽나무의 이야기를 다양하게 듣는 것에는 분명 한계
가 있기 때문이다. 그리하여 지푸라기라도 잡는 심정으로 거꾸로 역사
적 흔적을 찾아 하제마을에 최초 터를 잡은 입향조(入鄕祖)와의 관련성을
분석하고자 한다.

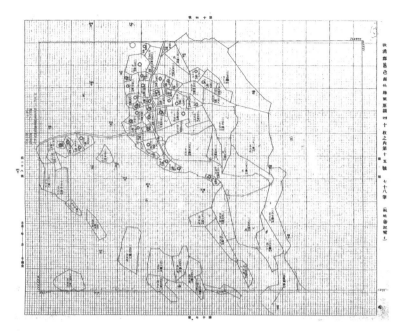

| **지적원도**(1914년 조선총독부 발행) ⟨출처: 국가기록원⟩

통계청의 본관별 의령 여씨 전북의 최대 집성촌이 현재의 군산 내 하
제라는 걸 1914년 조선총독부 임시토지조사국에서 생산된 「지적원도」
를 살펴보면 더욱 극명하게 드러난다.

600년 수령의 팽나무가 위치한 지목을 중심으로 여씨촌이 형성되어
있다는 점은 지적도에 가(假) 지번이 부여되고 소유자와 지목이 표시되
어 있어 쉽게 알 수 있다. 더욱 놀라운 점은 하제마을 내 지적형상과 지
번들이 현재와 거의 다름이 없어 추적이 쉽다는 점이다. 과거 하제 지역
은 섬마을이었고 근대에도 주변이 만경강 하류와 더불어 바닷물이 들
어오고 나가는 조간대가 광범위하게 발달되어 있는 지역으로 포구의
기능을 했지만, 군사시설과 맞닿아 있어 정책적으로 개발을 하기에는

힘든 지역이었기 때문에 일제강점기부터 현재까지 지적의 변화가 없던 것으로 판단된다. 대지로 된 지목이 대부분 1914년 당시까지도 여씨 일가의 소유지로 확인되는 걸 보면 오랜 세월 동안 대대로 정착하여 반농반어(半農半漁) 생활하며, 촌락이 형성된 것으로 보인다. 하지만 군산시의 기록처럼 의령 여씨를 입향조로 추정하고 정착 시기를 300여 년으로 본다면 600여 년 된 팽나무의 입향조 식재 가능성은 떨어지지만, 하제마을을 떠나 전주에 거주하는 여정진 씨(69세)의 구술담을 들어보면 "어렸을 적 비행장 활주로 공사 때 어느 무덤이 파헤쳐져 인골이 노출되고 비석이 넘어져 있었는데, 가까이 가보니 명종 13년 여득광(余得光)이라고 적혀 있어서 우리 여씨네 사람인가 했던 기억이 난다. 그때는 아무것도 몰랐다."라고 대답했다. 명종 13년이면 서기 1558년으로 시대는 더 거슬러 생각해볼 여지는 있다.

하제를 떠나 현재 월명동에 거주하시는, 과거 20세~28세까지 마을 이장을 지내셨던 최기권(76세) 씨에 의하면 "어렸을 적 어르신들이 우연지간에 그 팽나무는 누가 심었다고 했어."라고 말하고 있으나 하제마을의 역사와 문화를 같이 했던 600여 년 팽나무의 식재에 관한 사실은 현재로서는 명확하게 알 수는 없다.

🐾 일제강점기의 하제마을 토지

1914년 행정구역 통폐합에 따른 1914년 조선총독부 임시토지조사국에서 발행한 선연리 하제마을의 지적원도를 살펴보면 600년 팽나무를 중심으로 마을이 형성되어 왔고, 놀랍게도 현 하제마을의 지형과 지목이 변하지 않았다는 걸 알 수 있다. 지목을 분석해보면 선연리 중에서도 하제마을의 팽나무 주변 일대의 대부분 지목이 집터로 사용되는 대(垈) 지목으로 집중적으로 분포되어 가구(戶) 수가 제일 많은 것으로 분석(팽나무 남쪽: 33가구, 북쪽: 3가구)되었다. 이를 통해 팽나무가 나 홀로 산중에 있는 나무가 아니라 마을의 큰 정신적 지주 역할을 해왔으며, 공동체적인 삶을 통해서 특별히 관리되어 왔다는 것을 추정할 수 있다. 또한, 하제 지역 지목의 대지는 대부분 의령 여씨 토지임을 알 수 있다. 중제마을 내 의령 여씨의 토지는 상대적으로 보이지 않고, 다양한 성씨 소유의 토지가 보이며 일부 큰 지주들의 논들이 보이지만 대부분 밭 위주의 경작을 하고 있었다.

지금의 하제마을은 미 군사기지 때문에 강제 이주로 사라졌지만, 600년 팽나무는 전통적으로 매우 신성시해 온 나무로 홀로 남아 터를 지키고 있다. 일제강점기에는 국가 소유의 산림은 별도로 지번을 부여하지 않고 '山'으로만 표기했다. 지금의 하제마을에 1914년 당시 의령 여씨 집터로 사용된 대지를 붉은 원으로 표시해 보았는데 팽나무와 도로를 중심으로 분포되어 있고 30가구 이상으로 대부분이 의령 여씨의 대지인 것으로 파악된다. 1936년 09월 01일 자 『대한신보』의 기사에는 하제리에서 농촌진흥운동을 일으켰던 여귀동(당시 29세)이라는 청년의 미담과 모범 부락을 다루면서 옥구군 하제리는 40호 미만의 일개 한촌이라고 설명한다. 일본 비행장 건설로 일부 하제 지역에서 새롭게 이주되어 신(新) 하제마을이 조성된 걸 고려하면 1914년 당시 지적도에서 예측되는 가구 수와 크게 다르지 않은 걸 보여준다.

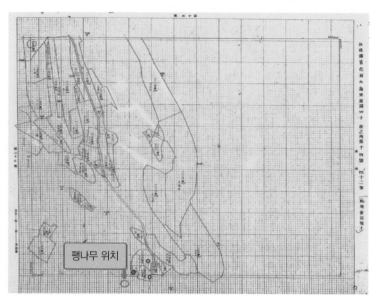

지적원도(1914년 조선총독부 발행) 〈출처: 국가기록원〉
화살표로 표시된 지점은 팽나무가 있는 지점으로 팽나무 북단에는 가구가 3가구밖에
없다. 붉은색 원형 안의 지목이 여씨촌 대지들이다.

   하제라는 글자가 적혀 있는 600년 팽나무 바로 주변 제외하고는 북쪽
지형은 대체적으로 좌측은 전(田)들이 발달되어 있고 포구 물줄기가 있었
던 우측은 위아래 큰 몇 개의 장방형으로 답(畓)들이 발달되어 있으며, 대
지는 구릉지 하제 지역에 여씨촌 위주로 발달된 것이기 때문에 북쪽 지
역에는 대지의 지목이 보이지 않고 경작을 위한 토지들만이 보인다. 당
시 지적도를 살펴보면 여씨 문중이 수백 년 동안 내려오면서 정착해서
집성촌을 이루었기 때문에 대부분의 주거지는 원(原) 하제에 집중되고 있
으며, 오늘날 600년 팽나무의 북쪽과 서쪽 지역은 미 공군기지의 군사
시설이 들어섰으며, 마을과의 경계에는 철조망만 쳐 있을 뿐이다. 세월
이 흐르자 산림도 개간되고 많은 사람이 어업 활동을 위해 하제에 들어
왔지만, 이제는 삶의 터전을 떠나야만 하는 현실이 안타깝기만 하다.

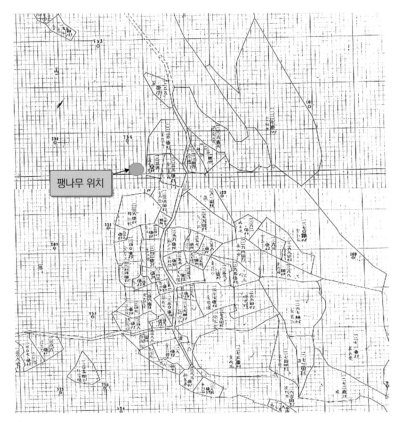

팽나무 위치

지적원도(1914년 조선총독부 발행) 〈출처: 국가기록원〉
팽나무 주변의 토지(남쪽+북쪽)로 포구 방향인 팽나무 남쪽으로 주로 대지가 발달한 것
이 보인다.

🐾 지적도를 통해 본 하제마을 도로망

600년 팽나무

하제마을 영상사진 〈출처: 국토지리정보원〉
600년 팽나무 주변 토지 도로망

　화산 방향인 남북 방향으로 장축의 도로가 3곳이 표시되어 있으며, 중제로 들어가는 서쪽에 도로가 표시되어 있다. 남북 방향의 3곳 가운데 중앙부 콘크리트 포장도로는 새롭게 하제에서 분화된 마을인 난산으로 들어가는 도로로, 1914년 당시의 지적원도에 나오는 소로길이다. 하제의 변두리 촌길이지만 당시의 도로가 지금 역시 그대로 살아 있으며 1914년 훨씬 이전부터 주로 이용하던 길이다. 남쪽은 만경강 하류가 있는 바닷가였고 1919년 지형도를 보면 화산봉수터로 이어지는 또 다른 길이 있었는데 현재는 군사시설로 사라진 길이다. 어은리 영병산 지역의 사자암이 있는 봉수터도 마찬가지로 19세기 이전에는 그 마을에서의 주된 길은 봉수터로 이어졌을 것이다.

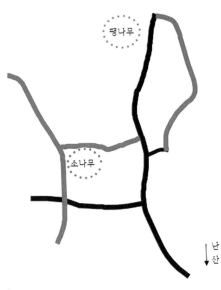

팽나무 중심의 도로망
검은 실선은 1914년 이전의 마을 도로로 팽나무가 있는 곳까지 뻗어 있으며, 파란 실선은 근대에 만들어진 도로망이다.

1914년 당시에는 팽나무 중심으로 남북의 장축 도로(검은 실선)와 중앙부 아래 지점에서 중제 방향인 서쪽으로 들어가는 길이 주축으로 있었지만 이후 어업이 발달하며 하제마을에 사람들이 모여들기 시작하고 임야 지역까지 개간되어 그물망의 진출입로가 형성되었다. 과거 임야였던 팽나무의 서·남쪽 구릉지는 근대에 들어서 개간되었다. 이후 지금의 소나무 보호수가 있는 길인 남북 방향의 능선(파란 실선)을 따라 또 하나의 도로망이 갖추어졌다. 팽나무 앞에서 하제 포구 앞까지 길게 형성되었던 장축의 도로는 좌우에 있는 가구들의 중앙을 가로지르는 도로로 이 도로가 팽나무 바로 앞자리까지 와 있는 걸 고려해보면 주민들의 접근성이 쉽다는 관점에서 팽나무에 안녕과 풍요를 빌며 제를 지냈을 가능성이 컸을 것으로 추정된다. 하지만 현재는 가구들이 수용되어 도로망만 쓸쓸하게 남겨져 있을 뿐이다.

제2장

600년 팽나무의 문화재적 가치

1 보호수로 지정된 팽나무

🐾 600년 팽나무의 서식 환경

하제마을의 600년 팽나무를 이해하기 전 팽나무가 서식하는 지형적인 요건을 살펴보자면 우선 남부지방의 해안가에 주로 분포한다. 장수하는 특성 때문에 전통적으로 마을에서 신성시해 왔던 당산목(堂山木)의 지위를 누려온 나무로, 산자락과 강 또는 바닷가의 경계 부근인 해안 충적구릉지에서 잘 번성하여 포구 나무로 불리기도 한다. 새들의 먹이인 열매를 풍성하게 생산하기 때문에 영육의 생명 부양 나무로 다산과 풍요를 상징하기도 한다. 지금 군산 지역의 평야들은 대부분 간척으로 만들어진 것이다. 바닷가의 흔적을 육안으로 찾기는 어렵지만, 구릉 지대에 팽나무가 있다면 과거 팽나무 부근까지 물이 찼던 바닷가 또는 강가였을 확률이 높다.

선연리 하제 지역 동쪽은 일제강점기에 간척한 지형으로 오래전 과거 섬이었을 거라는 자취는 찾을 수 없을 만큼 평야로 변해 있고 평야 아래 지역은 만경강 하류와 바닷물이 만나는 기수 지역으로 하제 포구가 자리 잡고 있다. 아주 오래전 바닷가였을 해안 충적구릉지에 유구한 세월 동안 마을을 지켜온 600년 팽나무가 꿋꿋하게 생육하고 있다.

🌳 600년을 넘긴 보호수 팽나무

〈출처: 공공데이터 포털〉

일련 번호	소재지 지번 주소	지정 연도	수령 (年)	나무 높이 (m)
1	인천광역시 옹진군 자월면 소이작로 245	2000	600	13
2	충청남도 홍성군 결성면 읍내리 586	2008	650	20
3	경상북도 의성군 구천면 모흥리 82	1907	600	15
4	경상북도 경산시 압량면 백안리 213-1	2005	609	20
5	경상북도 산청군 시천면 동당리 681	1982	735	15
6	경상남도 창녕군 영산면 성내리 468-3	1982	600	20
7	경상남도 함양군 마천면 삼정리 287-7	1972	670	18
8	경상남도 함양군 휴천면 동강리 619-1	2008	600	15
9	경상남도 고성군 거류면 송산리 213	1982	737	26
10	전라북도 군산시 옥서면 선연리 산 205	2004	600	20
11	전라남도 장성군 서삼면 대덕리 739	1982	700	19
12	전라남도 무안군 해제면 만풍리 318-5	1982	600	12
13	전라남도 장흥군 관산읍 송촌리 622	2010	600	16
14	제주도 제주시 애월읍 상가리 1666	1982	1000	8
15	제주도 제주시 영평동 949-1	1990	700	20
16	제주도 서귀포시 중문동 1689	1982	610	12

  총 16건 중 인천 1, 충남 1, 경북 2, 경남 5, 전북 1, 전남 3, 제주 3그루가 있다.

그중 인천광역시의 팽나무는 검팽나무이다. 2020년 군산의 흉고 둘레는 재실측 결과가 반영되어 당초 수고(樹高) 13m, 흉고(胸高) 둘레 6.0m에서 각각 20m, 7.5m로 변경되었다.

사실 생장추를 통한 노거수의 수령 확인이 구전으로 내려오는 수령과 근접하게 나오는 경우가 드물다고 하지만 군산 하제마을의 팽나무는 다행스럽게 기존의 보호수의 표지석에 기재된 수령과 거의 일치하게 나와 600년 팽나무의 수령이 과학적으로 검증이 되었다. 하제 팽나무와 같이 600년 이상의 보호수로 지정된 팽나무는 생각보다 많지 않은 총 16곳으로 위도상으로는 인천광역시의 소이작도, 경북 의성, 충남 홍성을 제외하고는 하제마을의 팽나무는 최북단에 자리하고 있다. 생육지를 살펴보면 주로 전남과 제주도에서 집중되어 있으며, 전북에서는 유일하게 군산에 있다. 군산보다 위도상으로 북단에 있는 인천광역시의 소이작도, 경북 의성의 마을 길, 홍성의 결성향교 팽나무보다 수형적인 측면과 흉고, 건강 상태 등을 고려하면 학술적인 가치가 뛰어나 보인다.

🐾 600년 팽나무의 미래

수백 년 수령의 노거수들은 대부분 그 나무를 직접 언급하는 기록보다는 간접적인 추정으로 산출되는 게 대부분이다. 향교나 동헌, 사찰 등의 설립연대로 추정하거나, 출처를 알 수 없는 어느 스님 또는 도인이 심었다는 구전 등 확인할 수 없는 추정 등이 많아 세월이 지나게 되면 실제 수령이 의심스러울 뿐이다. 그나마 육안으로 확인하는 방법은 나무의 가슴둘레를 의미하는 흉고와 전체적인 수형, 동일 지역의 같은 수종을 참조해 추정할 뿐이다. 2004년 보호수로 지정된 선연리 하제마을의 팽나무 역시 표지석에 수령이 600년으로 새겨져 있었지만, 지금에 와서 수령의 출처를 확인할 수 있는 길은 없었다. 하제마을이 강제 수용되어 마을 자체가 사라졌기 때문에 보호수 지정 당시의 600년이라는 수령의 근거를 객관적으로 검증할 수 있는 자료나 문헌을 찾기에는 무리가 있었다. 문화재 지정을 위한 공인기관으로부터 과학적인 수령 감정을 통해 실제 수령을 통보받은 건 참으로 다행이었다(제2장 팽나무의 수령 감정 의뢰 편 참조). 한편, 군산시가 보호수 재정비를 위해 2020년 일제 조사 결과를 바탕으로 하제 팽나무 번지수를 본래의 산 1238-9번지에서 산 205번으로 바로 잡았는데 변동된 지번은 나무의 중심이었다. 새로운 팽나무 지번의 토지 대장을 열람한 결과 토지의 소유주는 국방부가 아닌 기획재정부인 걸 알 수 있었다. 주변 일대의 토지들은 대부분 국방부 소유였는데 산 205번지의 토지는 다행히 관리 전환이 이루어지지 않은 상태였기에 기획재정부 소유 그대로였다. 새롭게 매입된 토지가 아니라 원래 국가 소유의 땅이라 등기사항이 아직까지는 변동 없이 유지되고 있지만, 국방부로 관리전환이 이루어진 후에는 향후 하제마을 일대가 어떤 목적으로 어떻게 지역이 변할지 예측할 수가 없어서 팽나무의 거취도 어떻게 될지 예단할 수 없다. 자칫 마을의 수호신 역할을 했던 영험한 600년 팽나무를 영영 볼 수 없는 철조망 안의 고목으로 전락시킬 수도 있기 때문이다.

🐾 600년 팽나무의 지위

현재의 보호수 지위를 가지고 있는 하제마을의 600년 팽나무에 대하여 하제마을의 문화유산인 팽나무의 생태·문화적인 가치의 우수성에 대하여 살펴보고자 한다. 「산림보호법」 제13조에는 "보호수의 지정·고시에 의거 시·도지사 또는 지방산림청장은 역사적 학술적 가치가 있는 노목, 거목, 희귀목으로서 특별히 보호할 가치가 있는 나무를 보호수로 지정해야 한다."라고 명시되어 있으며, 「자생식물 및 산림유전자원보호구역관리요령」 제19조에 의거 "팽나무는 수령 200년, 수고 20m, 흉고직경 1.5m 이상일 경우 보호수로 지정할 수 있으며, 다만, 수령 100년 이상의 노목, 거목, 희귀목으로서 고사 및 전설이 담긴 수목이나 특별히 보호 또는 증식 가치가 있는 수종은 이 기준에 불구하고 보호수로 지정할 수 있다."라고 명시되어 있다.

군산시의 보호수는 2020년 07월 기준으로 총 16그루가 지정되어 있으며 수종을 살펴보면 팽나무 5본, 느티나무 5본, 은행나무 1본, 향나무 1본, 왕버들나무 1본, 회화나무 1본, 배롱나무 1본, 해송 1본이었다.

2020년 필자의 조사를 통해 1982년 지정된 대야면의 팽나무는 팽나무가 아닌 느티나무로 밝혀졌는데, 심지어 마을의 주민조차도 표지판에 기재된 내용 때문인지는 몰라도 팽나무로 알고 있었다. 또한, 하제마을의 해송은 해송이 아닌 수피가 붉어 적송으로 불리는 소나무로 확인돼 각각 팽나무는 느티나무로, 해송은 소나무로 기재 내용을 바로잡아 다행이라고 생각한다.

보호수로 지정되지 않은 거목들은 노거수(老巨樹)라 하며, 보호수나 노거수 중에 특별히 우수한 나무들은 지정 주체에 따라 시(市)지정문화재, 도(道)지정문화재, 국가(國家)지정문화재로 지정 관리하기도 하지만 현재까지는 나무에 대한 다양한 자료 부족으로 문화재로의 접근이 다른 문화재 유형에 비해 낮아 현재까지 군산시에서 향토문화유산이나 문화재로 지정된 나무는 없는 상태지만, 600년 팽나무를 계기로 많은 긍정적인 전환점이 이루어질 것으로 생각한다.

군산시의 「향토문화유산보호조례」에서 향토문화유산의 정의를 살펴보면 "「문화재보호법」 제2조1항에 열거된 유형으로써 국가나 도의 문화로 지정되지 아니한 것 중 보존·보호·관리할 가치가 있는 유형·무형·기념물·민속 등의 문화재를 말한다."라고 명시되어 있다. 여기서 기념물이란 동물·식물(그 자생지를 포함)로서 역사적·경관적 또는 학술적 가치가 큰 것을 의미하며, 군산에서는 하제마을의 200년 소나무 보호수, 임피향교의 500년 왕버들나무 보호수도 경관적 우수성이 아주 뛰어나므로 향후 후보 수종으로 고려해볼 만하다. 하지만 적극적인 보호 조치가 없어 안타까운 일을 겪는 노거수들도 있다. 2020년 여름에는 임피 보천사와 역사를 같이하던 노거수가 태풍에 의해서 쓰러지는 안타까운 사건이 발생했다. 해당 노거수는 1,000년 정도 된 느티나무로 추정되는데, 오랜 기간을 버티는 동안 내부가 많이 약해져서 쓰러진 것이 아닐까 추측하고 있다. 물론 사유지의 사유재산으로 관리가 미비했던 측면이 크다.

보천사 옛터로 추정되는 대지 안의 느티나무(2019년 촬영)

조경업자들만이 호시탐탐 천년 그루터기를 탐내고 있다(2020년 촬영).

　선유도 선유초등학교 바로 옆의 학교 부지에 있던 탱자나무 또한 마찬가지다. 수백 년 되었을 탱자나무는 다른 지자체의 천연기념물 탱자

나무보다 훨씬 우수하다는 세간의 평들이 있었으나, 지금은 자기 몸을
이겨내지 못하고 옆으로 쓰러져 경관이 크게 훼손되고 말았다. 이러한
일들이 곳곳에서 벌어지고 있다는 게 안타까울 뿐이다.

다행히 하제마을의 600년 팽나무는 보호수로 지정되어 관리를 받고
있지만, 수백 년 동안 주민들과 동고동락했으며, 현재는 유일하게 하제
를 상징하고 지키고 있는 나무라고 할 수 있다. 이제는 팽나무의 그동안
노고에 대한 격에 맞는 문화재의 대접을 해줘야 하지 않을까 생각한다.

2 영험한 팽나무의 구전

🐾 팽나무를 향한 사격 연습

일제강점기에 일본인들은 당산제를 반기지 않았다. 당산나무에 마을의 안녕과 번영을 빌기 위해 마을 사람들이 모여 신성한 제를 지내면서 대동단결하는 걸 일본군들이 좋아할 리 없었다. 오히려 미신으로 취급하며 비하(卑下)했으며, 조정래 작가의 『아리랑』에서는 당산나무에 죄수를 세우고 총질하는 장면도 나온다. 1919년 조선총독부에서 발행한 『조선노거수명목지』는 최초로 노거수를 체계적으로 분류한 서적이지만 신목에 대한 많은 왜곡이 숨어있다.

명목지는 64개 수종에 3,170본을 지역명과 같이 표기하고 있으면서 신목(神木)과 명목(名木)을 별도로 하단에 구분하여 표기하였는데, 신목의 흉고들은 수종과 관련 없이 대체적으로 명목보다 작다. 분류에 있어서 신목과 명목에 걸쳐있는 경우, 신목이 아닌 명목으로 분류했을 가능성이 크다. 그렇다 보니 신목은 당연히 거목들의 명목(名木)에 비하여 왜소한 효과를 주었을 것이다. 명목지에서 수종들의 나열방법 또한 불편하다.

지역 내 소재지와는 무관하게 흉고 순으로 나열해 신목이 별도로 부각되지 않고 한 소재지의 나무를 보려면 일일이 자세히 넘겨봐야 하는 번거로움이 있다. 혹시 선연리 하제마을의 600년 팽나무가 『조선노거수명목지』에 기록되어 있나 찾아봤지만 발견할 수 없었다. 다만, 팽나무가 옥구군 옥산면 1개소, 임피면 1개소, 군산부 구내 1개소, 옥구면 상평리에 1개소에 名木으로 존재한다는 기록만 남아있을 뿐이며, 소재지의 지번을 기록하지 않아 추적은 어렵다.

현재 전주시에 거주하는 여정진 씨(69세)에 의하면 "600년 팽나무 옆에 원래 또 하나의 팽나무가 있었다고 어렸을 적에 어머님이 말씀해주었는데 그 팽나무에 일본군들이 사격 연습을 했고 사격 연습에 시달린 그 팽나무는 고사(枯死)했다고 합니다. 이어 일본군 패전으로 우리나라가 해방되자 그 일본군들이 일본으로 배를 타고 가는 도중 배가 뒤집혀 많은 사람이 죽었다며 저 팽나무가 영험하다고 어렸을 적에 어머님이 말씀해주었어요."라는 귀한 이야기를 들려주었다. 귀가 쫑긋할 만한 이야기였다. 실제로 두 그루가 있었을까 궁금해져 현장에서 600년 팽나무 일대를 샅샅이 조사해본 결과, 주변에 수령이 작은 팽나무들이 여기저기 보였다. 50m 떨어진 서쪽 지점에는 수령 300년 이상으로 추정되는 두 줄기의 팽나무가 보였는데 한줄기는 밑동이 톱에 의해 절단된 상태였다. 그 후 며칠이 지나 일제강점기인 1913년에 발행한 지형도를 보던 중 독립수(獨立水)인 활엽수가 기호로 표기되어 있어 확대해보니 하제마을 내 지금의 600년 팽나무 위치에 두 그루의 활엽수가 표기되어 있어 깜짝 놀란 적이 있다. 말로만 전해지던 또 다른 팽나무가 실제로 존재했을 가능성이 크고, 팽나무에 사격 연습을 했다는 말도 사실일 가능성이 커졌기 때문이다.

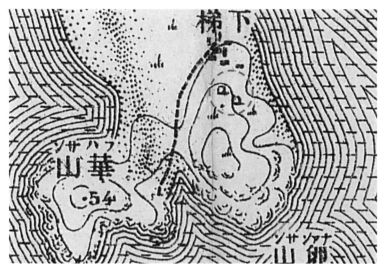

군산시 선연리 하제마을 산 205번지(보호수)
〈출처: 군산지도(1913년 조선총독부 발행), 국립중앙박물관〉
붉은 점선 내 활엽수 두 그루가 표시되어 있다.

　지도상의 활엽수 표시와 구전으로 전해지는 내용이 일치하여 실제 두 그루가 존재했던 것으로 추정되어 1913년 지형도에 나타난 하제마을 외 다른 지점의 활엽수를 실사하였다. 그리고 실제 그 지점에 거목이라 불릴만한 활엽수가 있는지 또는 필자가 사전에 인식하고 있었던 몇 거목들이 지형도상에 표시되어 있는지 조사하여 비교하였다. 조사 지점의 예로 군산시 문화동 팽나무(보호수)와 당북리 백석제 부근에 팽나무가 동일한 지점에 정확하게 지도상에 활엽수로 표시된 걸 발견할 수 있었다. 이로써 하제 지역에 표시된 활엽수 2그루 역시 팽나무라는 게 사실로 증명된 셈이다.

　사실 팽나무는 해안가에 서식하며 단독으로 한 그루만 있는 경우는 드물다. 세월이 지나면서 고사하여 없어질 뿐이다. 고군산군도인 무녀도의 해안가 팽나무는 모감주나무와 같이 작은 숲 형태의 군락지이며,

야미도의 마을 거목 팽나무 두 그루 역시 마을 안에서 수백 년 동안 자리를 지키고 있다. 이처럼 하제마을 내 600년 팽나무 역시 지도에서 그려진 것과 같이 주위에 600년 팽나무에 필적한 만한 거목이 존재했을 것으로 판단된다. 선연리 지역 내에서 1913년 지형도에 활엽수를 표기한 지점은 하제마을이 유일하지만, 구전으로 전해지는 팽나무 사격 연습 이야기는 살아남은 팽나무를 신목으로 더욱 영험하게 여기도록 했을 것이다.

🐾 문화동, 당북리의 팽나무

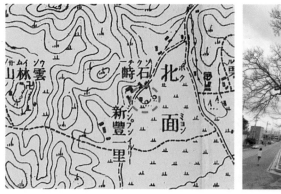

군산시 문화동 팽나무 753-2(보호수)
⟨출처: 군산지도(1913 조선총독부 발행), 국립중앙박물관⟩
붉은 점선 내 활엽수 두 그루가 표시되어 있다.

문화동은 필자가 어렸을 적 살았던 동네로 그 당시에도 커다란 팽나무들이 몇 그루 있던 것으로 기억한다. 보호수로 지정된 팽나무였기 때문에 1913년 지형도를 확인해보니 같은 지점에 활엽수라고 표기되어 있었다. 군산상업고등학교 뒷산인 석치산 스님이 심었다는 게 구전으로 전해져오는데 예전에는 동일한 지점에 3그루의 팽나무가 있었으나, 현재는 1그루만 자리를 지키고 있을 뿐이다.

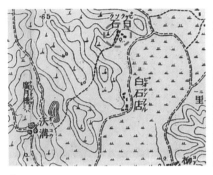 

군산시 옥산면 당북리 580-13(노거수)
〈출처: 군산지도(1913 조선총독부 발행), 국립중앙박물관〉
마을 길 포장도로 옆에 있으며 과거에는 바닷가로 추정되는 자리다.

옥산면 당북리 백석제 인근 골프 연습장 뒷마을의 길가에 커다란 노거수인 팽나무 한 그루가 지도에 표기된 위치에 현재도 존재한다는 것을 확인할 수 있다. 이로써 600년 팽나무 주변에 비슷한 수령의 팽나무가 한 그루 더 있었고, 구전처럼 다른 한 그루는 일본군의 사격 연습 때문에 고사했다는 것이 사실일 가능성이 크다는 생각이 든다. 굳이 독립수인 활엽수까지 당시 지도에 기재한 이유는 이정표 역할을 했기 때문이지 않았을까 추측해 본다.

🐾 팽나무 주변 탄피의 실체

일제강점기에는 거대한 팽나무가 2그루였는데 일본군의 사격 연습에 따라 한 그루가 고사했다고는 하나 현장에서 증빙되는 그 흔적 자체를 확인할 수는 없다. 다만, 600년 팽나무 옆을 직접 조사하는 과정에서 5m 정도 떨어진 조릿대 하부 모래층에서 45구경의 탄피 2점을 발견하였는데 다른 탄피는 없고 45구경 탄피만이 녹슨 채 발견되는 건 매우 이례적 일이다. 45구경 권총은 근접 확인 사살용으로 쓰이기 때문이다.

팽나무 옆 조릿대 하부 모래층에서 발견된 45구경 탄피 2점(2020년 발견)

또한, 일반 탄피의 재질은 무게나 재활용 측면에서 황동을 쓰는데, 갈색으로 부식되어 있어 자석을 붙여보니 바로 당겨 붙는 걸 보고 탄피가 강철이라는 걸 알 수 있었다. 일부 자료를 확인해보니 미국의 콜트사(社) 45구경 탄피 중 1940년대 초에 황동이 모자라 탄피의 재질로 강철을 사용한 적이 있었다는 것이다. 우리나라에서는 45구경 권총인 콜트사 M1911 계열이 한국 전쟁 및 이후 미군에 의해 사용되었기 때문에 콜트사 탄피로 추정할 수 있었다. 일제강점기 당시 일본군은 남부 7mm, 8mm 권총을 사용했기 때문에 구전의 내용에 등장하는 팽나무에 사격 연습용으로 쓰였던 총알의 탄피는 아닌 것으로 추정되지만, 팽나무 옆에서 다른 탄피는 발견되지 않고 45구경의 탄피만이 발견된 일은 미스터리한 일이 아닐 수 없다. 1950년 전쟁 직후 군산형무소의 일부 수인(囚人)들을 화산에서 총살했다는 이야기 속 그 탄피일까? 탄피만이 말없이 기억할 뿐이다.

3 팽나무의 전경

🐢 1960년대 팽나무 전경

| 1960년대 팽나무 전경 〈출처: 하제마을 주민 고(故) 고종섭 님 作〉

1960년대 하제마을의 사진을 통해 본 전경은 지금과는 사뭇 다르다.
집의 형태를 보면 이엉을 얽어 만든 초가집이 대부분으로, 좌측 마을
도로 기슭 하단부에 초가집들이 여유부지 없이 다닥다닥 모여 있는 점
이 눈길을 끈다. 우측 하단에는 가설조립시설물로 구성된 조그마한 'ㅅ'
자 형태의 지붕이 보이는데 우물 자리로 추정되며, 흑백사진 정중앙에
보이는 나무는 바로 600년 팽나무로 사진의 구도상 중앙에 팽나무가
자리 잡고 있다는 점은 하제 주민들에게 어떤 나무였을까 짐작할 수 있
다. 하제마을 600년 팽나무가 등장하는 사진으로는 연대가 가장 빠른
것으로 생각되는 소중한 사진이다.

🐾 현대의 팽나무 전경

| 1998년 팽나무 전경 〈출처: 하제마을 주민 고(故) 고종섭 님 作〉

　현대에 들어선 하제마을 600년 팽나무의 가옥들의 모습을 보면 60년
대와는 판이하다. 형형색색의 모습으로 양옥집, 슬레이트집이 빼곡하
게 들어서 있으며 콘크리트 전신주들이 보인다. 팽나무도 건재한 모습
으로 팽나무 바로 주변 남쪽과 서쪽에는 개량 가옥들이 들어서 있다. 아
직 가옥이 철거되기 전 번창하던 전경으로 600년 팽나무는 마음의 고
향처럼 자리하고 있다.

| 눈 내린 팽나무 주변전경 〈출처: 1998년 팽
나무 전경, 하제마을 주민 고(故) 고종섭 님 作〉

현재는 가옥들이 철거되어 잡풀들
들만 무성하다.

🐾 팽나무의 사계

봄
이파리의 새싹이 먼저나오는 방향의 논들이 그해 풍년이라 한다.
〈2020.05.09. 촬영〉

여름
잎이 풍성하다. 바로 보이는 앞 지역은 수백 년 전에는 배가 머물렀을 것이다.
〈2020.07.04. 촬영〉

가을
단풍이 들기 시작한 팽나무
〈2020.10.24. 촬영〉

겨울
이파리는 낙엽이 되어 떨어지고 수채화처럼 잔가지들이 펼쳐져 있다.
〈2020.12.20. 촬영〉

4 팽나무의 수령 감정

🪨 수령 분석

하제마을 안의 역사와 문화를 간직한 보호수로 지정된 600년 팽나무의 문화재 지정을 통하여 팽나무만큼은 하제에서 지켜내자는 차원에서 문화재추진을 위해 필자가 수령 감정을 산림청 산하기관인 한국임업진흥원에 2020년 6월 의뢰한 결과 537년±50년 값을 얻어 기존의 보호수의 표지석에 명기된 600년 수령에 근접한 수령이 나왔다.

1) 수목 내부 상태

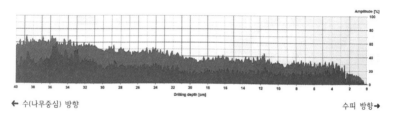

← 수(나무중심) 방향   수피 방향 →

2) 수령분석 결과

수목 반지름	채취한 시료길이	시료에서 확인된 연륜 수	확인된 평균 연륜폭	수령 추정식에 의한 추정수령 (A)	채취 높이까지 자라는 기간(B)	추정수령 (A+B)
104.7 cm	27 cm	127	2.13 mm	532	5	537 ± 50

* 군산 팽나무 수령 추정식 : $y = 4.4333x^{1.0291}$
** 추정에 의한 결과로 오차범위 연륜수의 약 10% 산정

팽나무 수령 감정서 〈출처: 한국임업진흥원〉
수령 분석에 대한 값들이 잘 설명되어 있으며 군산 팽나무의 수령 추정식이 설명되어 있다.

시험 방법은 현장에서 레지스토그라피를 이용하여 수목 내부에 동공이 있는지와 수목의 직경을 측정한 후 채취한 시료를 연륜분석 장비를 이용하여 분석하는 방법인데 대부분 노거수의 특성상 줄기 내부가 썩기 때문에 공동부가 발생하여 나이테를 확인할 수 없는 부분들은 함수식으로 추정한다. 노령화가 진행될수록 생장이 둔화되어 나이테의 생장 폭은 내부 방향으로 갈수록 넓어지기 때문에 전체적인 나무의 직경을 알면 살아 있는 나이테 간격을 참조하여 추정할 수 있다. 썩지 않아 실측할 수 있는 부분의 나이테 개수는 직접 장비를 이용하여 실험실에서 계산한다. 물론 각 지역의 기후가 다르기 때문에 같은 수종이라도 지역마다 함수식은 다르고 가슴둘레가 비슷하다고 해서 전국의 나무가 수령이 비슷한 건 결코 아니다.

🐢 수령 감정 결과

결 과 서

	발급번호 : 2020-24	07570
한국임업진흥원	페이지 (1) / (총 3)	서울특별시 강서구 공항대로 475 TEL:1600-3248 FAX:02-6393-2609

1. 의 뢰 인 : 양광희   ○사업자등록번호 :   -
   ○주   소 : 전북 군산시 대명길3
2. 시 료 명 : 노거수
3. 시 료 수 량 : 1본
4. 조 사 지 역 : 전북 군산시 옥서면 선연리 산205번지
5. 시료채취일자 : 2020. 06. 09.
6. 시 험 항 목 : 수령감정
7. 시 험 방 법 : 한국임업진흥원 표준시험법
8. 시 험 결 과 :

구분	수종명	단 위	시험결과	시험방법
수목	팽나무	년	537 ± 50	한국임업진흥원 표준시험법

※ 본 결과서는 의뢰인이 제출한 시료에 대한 시험결과로서 전체 제품의 품질을 보증하지 않으며,
발급기관의 서면 동의 없이 홍보, 선전, 광고 및 소송 등의 용도에는 사용할 수 없습니다.

확 인	담당자 : 오정애	책임자 : 김정분

계약번호(2020-24)에 대한 결과서를 위와 같이 통지합니다.

2020. 06. 26.

한 국 임 업 진 흥 원 장

│ 팽나무 수령 감정서 〈출처: 한국임업진흥원〉
보호수 수령 600년과 근접하게 감정 결과는 537±50년이다.

참 고 자 료

□ 분석대상

□ 수령감정 방법

① 레지스토그라피를 이용하여 수목 내부에 동공이 있는지 상태 파악

② 수목의 직경을 측정한 후 내부 상태가 양호한 곳을 지정하여 시료채취

③ 채취한 시료는 표면 정리 후 연륜분석 장비를 이용하여 연륜분석 실시

□ 수목 내부 상태 파악

- 레지스토그래프의 드릴이 수목 내부로 들어가면서 세포의 밀도에 따라 나타나는 저항값 그래프를 통해 내부 상태 파악

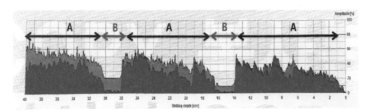

← 수(pith)쪽 　　　　　　　　　　　　　　　　　　　　　　　　수피 →

A : 세포 밀도에 의해 높은 저항 값을 가지는 정상부분

B : 수목 내부에 비어있는 공간이 있거나 강도가 약한 부분

팽나무 수령 감정서 〈출처: 한국임업진흥원〉
수령 감정 방법과 내부 상태를 설명해주고 있다.

🐾 600년 팽나무의 외형

팽나무는 대체적으로 지역에 따라 기상목 역할을 많이 하고 있으며, 하제를 떠난 원주민에 의하면 선연리 하제마을의 팽나무 역시 수관에 따라 어느 방향의 이파리가 먼저 피느냐에 따라 어느 곳이 풍년인지 점쳤다고 한다. 어찌 알았는지는 모르겠지만 기상목으로 마치 신점을 치듯 딱 들어맞는다고 하니 신기한 일이다.

600년 선연리 팽나무의 외형을 살펴보면 키는 20m, 나무 둘레 7.5m로 부챗살처럼 뻗어가는 잔가지는 멀리서 보면 한 폭의 동양화 같다. 팽나무의 커다란 한 줄기는 방풍림 역할을 해주고 있는 조릿대 숲 방향인 북쪽으로 하늘 높이 뻗어 있고, 다른 한줄기는 반대 방향인 기존 마을 터가 있었던 동남쪽으로 살짝 기울 듯 뻗어 있어 전체적으로 보면 나무의 축이 동남쪽으로 기울어진 모양새다. 이 부분은 팽나무의 뿌리가 뻗고 있는 지반에 기인하고 있지 않을까 생각도 든다. 이유는 뿌리를

| 팽나무 두 줄기에 지지대가 설치되어 있다.

보호한다는 명분으로 30cm 전후로 폭넓게 복토했지만, 서쪽은 산자락으로 하부층이 암반(岩盤)으로 구성되어 있는 것에 반해 동쪽과 남쪽은 토사(土砂)로 분포되고 지반의 고도가 낮다 보니 뿌

리들이 성장하기 좋은 위치로 뻗으면서 살며시 아래쪽으로 기울지 않았을까 생각한다. 하지만 어느 지역의 팽나무를 보더라도 팽나무는 반듯하게 자라나는 걸 보면 다른 원인도 있을 것이다. 원주민의 이야기를 들어보면, 어렸을 적 그 팽나무 줄기에 올라 끈을 매달아 그네 놀이를 즐겼다고도 한다.

현재는 서로가 서로의 줄기를 잡아줄 수 있는 쇠로 된 장축이 설치된 상태다. 팽나무의 수피에는 깊고 굵은 주름살이 많이 그어져 있으며, 동그란 혹이 여기저기 돌출되어 있다. 조금 떨어져서 보면 거대한 공룡의 다리나 코끼리 다리처럼 보이기도 한다.

| 코끼리 다리 같은 팽나무(서쪽) | 코끼리 다리 같은 팽나무(남쪽)

🐾 팽나무의 계선주 역할

전 문화재청 문화재위원을 지내셨던 경북대 명예교수인 박상진 교수님은 문화재의 추천서에 "원래 고목은 곁뿌리가 굵게 발달하는 탓에 기괴한 모양을 갖추지만, 유달리 하제마을의 팽나무가 더 심하게 비꼬이고 깊은 주름이 잡혀 있는 이유는 일제강점기에 간척지로 매립되기 전, 바닷물이 바로 나무 아래까지 들어차 있을 때 바람에 배가 움직이지 않고 썰물에 배가 떠내려가지 않도록 묶어두는 장치인 계선주(繫船主) 역할을 했기 때문이다."라는 중요한 말씀을 해주셨다. 또한, 천연기념물로 지정된 전북 고창의 수동리 팽나무 역시 계선주 역할을 했다고 한다.

| 고창 수동리 팽나무(원경)

| 고창 수동리 팽나무(근경)

필자는 처음 듣는 용어였지만 옛날에는 석주(石柱)를 이용하거나 고목에 묶었다는데 팽나무는 고목이 되어도 껍질의 표면이 얇고 매끄러워 밧줄의 시달림을 더 크게 받고 상처가 생기며, 딱지가 앉은 아픔을 수백

| 팽나무 앞 지역은 낮은 구릉지로 배를 두기 좋은 장소였다.

년 반복한 흔적이 고스란히 남은 것이라 하니 많은 종류의 배들이 물때에 오고 갔을 모습을 상상해본다. 한편, 이렇게 물가에 배를 두기 좋은 장소를 교수님께서는 '섰'이라는 용어로 표현해주셨다. 600년의 팽나무로 인해 그 자리가 수백 년 동안 천연의 '섰' 자리였으며 쉼터 역할도 했을 가능성이 크다는 것이다. 600년 팽나무는 마을 사람들에게 중요한 역할을 했고, 그들의 생활과 문화를

간직하는 나무이며, 수령과 여러 면을 고려할 때 문화재로서 가치가 충분하다고 말씀하셨다. 비록 사라져 가는 마을이지만 그 안에 있었던 역사와 문화까지 사라지는 것은 그 누구도 바라지 않을 것이다. 하여, 문화재 지정을 통해 팽나무에 서린 역사를 같이 공감했으면 한다.

🐾 팽나무의 보전 방안

콘크리트 포장과 조경석이 팽나무의 근경과 인접해 성장에 장해를 주고 있다.

현 문화재청 문화재위원이신 전북대학교 박종진 교수님께서는 팽나무에 대한 정비사항에 대하여 특별히 언급하셨는데 팽나무의 생육지는 구릉 하부로서 배수가 양호하고, 수관부(樹冠部) 안에 경쟁 수목들이 없어서 생육에는 지장이 없는 최적의 상태지만, 앞으로 주변에 자라는 대나무, 가죽나무, 아까시나무, 조릿대 등이 수관부 안으로 침입하게 되면 수분과 양분의 경쟁 및 그늘의 피해에 의한 생장 장해 또는 가지의 고사할 가능성이 있으므로 지속적인 관리가 필요하다고 지적하였다. 실제로 몇 해 전에는 조릿대의 번식이 팽나무 영역까지 침입해와 간섭된 부위에서 팽나무 줄기들의 잎들이 일찍 시들었다고 한다. 지금 현재는 주변이 깔끔하게 정리돼 간섭이 없지만, 팽나무의 수관부까지는 영역 다툼이 일어나지 않도록 잘 관리해야 할 것이다. 또한, 가옥들이 철거되었기 때문에 팽나무 수관부 아래의 사용되지 않는 콘크리트 포장을 제거하고, 나무 둘레에 설치된 조경석 쌓기 식의 경계석도 수관부에서 충분히 이격시켜 재설치할 필요가 있다고 추천서에서 지적하였다. 콘크리트 포장은 팽나무의 뿌리가 충분히 수분이나 공기를 받아들이는 것을 방해하기 때문인데 그런 연장선에서 팽나무의 뿌리가 수관부까지 뻗어나는 걸 조경석이 방해한다는 지적이다.

더불어, 팽나무의 수령과 수형이 빼어나 천연기념물 등으로 지정하여 체계적인 보호·관리가 필요하다고 문화재 추천서에 의견을 주셨다.

주민들이 어업 활동으로 생계를 꾸렸기 때문에 배를 타고 바닷가로 나가게 되면 낭군이 무사히 돌아올 수 있도록 제(祭)를 지냈다고 하는 구술도 있는 것처럼 팽나무에 여러 형태로 안녕을 빌었었다. 하제마을에서 태어나고 평생을 살아온 주민들의 가옥들은 탄약고 안전거리 명분으로 강제수용을 당해 지금은 그 터가 폐기물로 변했지만 주민들의 마음은 한때 번성했던 어렸을 적의 하제 포구를 잊지 못하고 인터넷포탈에 로그 기록을 남긴다. 하제의 지나간 시간과 흔적을 기록으로 남기는 사진으로 남기는 원주민들도 있다. 없어진 땅도 아닌데 가지 못할 고향일 수도 있기 때문이다.

🐾 전라북도 지역의 문화재 팽나무

은행나무, 느티나무, 팽나무의 시·도 지정급 이상의 문화재의 전국적 현황을 분석해보면 은행나무 56개소, 느티나무 35개소, 팽나무 10개소로 팽나무에 비해 상대적으로 더 장수하는 은행나무와 느티나무에 아무래도 전설이 많고 전국 육지에 골고루 분포되어 문화재 지정 건수가

많다. 전라북도 관내 지자체의 향토문화유산, 도지정문화재, 국가지정

물인 천연기념물로 지정된 팽나무에 살펴보기로 한다. 2011년 김제시

향토문화유산으로 지정된 팽
나무는 만경읍 만경리 행정복
지센터 앞에 자리한 나무로 김
제시 향토문화유산 기념물 제1
호로 지정되어 있다. 주민들의
쉼터와 당산목 역할을 했던 나
무로서 옛 뜻을 살리고 문화복
원 차원에서 지정된 나무다. 실
제 수령이나 수형은 빼어나지
않음에도 불구하고 향토문화
유산 기념물 1호로 지정되었다

| 김제시 팽나무(향토문화유산)

는 건 만경읍 주민들이 이 팽나무를 어떻게 생각하고 있었는지 알 수 있

는 대목이다. 바로 옆에는 고목인 버드나무와 함께 자리하고 있으며 하

단에는 만경현 선정비 12점이 일렬로 있다. 도지정문화재로는 2001년

| 김제시 망해사의 팽나무(도지정문화재)

전라북도 기념물 114호
인 김제시 만경강 변 언
덕에 있는 망해사 내의
팽나무 2그루다. 진봉면
심포리에 있는 망해사
의 팽나무는 1562년 만
경의 불거촌에서 태어

난 진묵대사가 1598년 낙서전을 창건하고 기념 식수를 한 것으로 전해

지고 있는데, 추앙받는 선승의 행적을 기리기 위해 도지정문화재로 지

정된 것이다. 망해사는 만경강 변을 끼고 있어 전망이 좋고 고즈넉해 많은 연인이 찾는 장소이기도 하다.

국가지정문화재인 천연기념물로는 2008년 지정된 고창 수동리 팽나무가 있다. 이곳의 팽나무는 언덕 위의 평평한 평지에 있으며, 언덕 아래는 시야가 탁 트여 광활하게 펼쳐진 평야 지대다. 군산처럼 간척 이전에는 팽나무 앞까지 바닷물이 들어와 배를 묶어두었던 계선주 역할을 했던 나무였으며, 또한 마을의 안녕을 위해 당산제를 지내기도 했던 나무라고 한다. 멀리

고창 수동리 팽나무(천연기념물) 언덕에 있다. 그 아래는 현재 논으로 과거에는 바닷가였다.

서 바라보면 경관이 정말 빼어나다. 수관이 매우 크고, 뿌리가 자연스럽게 노출되어 있으며, 천연기념물로 지정된 팽나무 중에서 흉고가 제일 크다고 한다. 팽나무가 위치한 지형적인 조건이나, 계선주 역할 면에서 군산의 하제마을 팽나무와 가장 유사하다.

제3장

하제 지역의 간척 전·후

무의인도라 불렸던 선연리

상제·중제·하제마을이 수백 년 전에는 사다리 형태의 남북 방향의 긴 섬이었기 때문에 마을의 형성도 자연스럽게 중간중간에 있는 산기슭 구릉 지역을 따라 위아래로 형성되고 발달하다 보니 순차적으로 상제, 중제, 하제라 칭했을 것으로 판단된다. 이 장에서는 그런 하제가 섬이었다는 자료를 여러 문헌을 통해 고찰하고자 한다.

600년 팽나무의 식재 가능성보다는 팽나무의 자생적 여건과 지형적 접근성, '팽나무의 존재는 하제마을 주민들에게 어떤 의미였을까?'라는 차원에서 주변 분석을 해보았다. 일본 해군 수로부에서 발행한 1905년의 「朝鮮全岸」과 「朝鮮西岸」, 1906년 「群山浦及近處」지도, 일제 통감부가 발행한 1908년 「한국수산물분포도」, 조선총독부 농상공부에서 발행한 1910년 「한국수산지」 속의 지도 등에서 옥녀봉에서 하제 지역의 화산까지 무의인도(無衣人島)로 표기되어 있다는 것을 확인했으며, 선연리 일대가 이미 구한말에 무의인도로 불렸다는 것을 알 수 있다. 또한, 당시의 지형도 등에서 하제 주변의 여러 포구 명칭, 경작지 이용 형태를 보면 하제 지역이 과거에 섬이었다는 흔적은 여러 곳에서 확인할 수 있다.

🐾 하제마을 내 옛 지명

하제와 경계를 이루는 중제마을은 일제강점기에는 육군비행장 건설,

해방 이후에는 미군비행장의 활주로 건설로 사라진 마을이 됐고, 지금은 바닷가를 통해서 비행장 밖의 기이한 중생대 백악기의 역암층만 볼 수 있다. 하제 지역이 과거 섬이었을 거라는 추정은 지명의 유래만 살펴보아도 쉽게 추측할 수 있다. 역사와 문화는 그 지역의 언어와 흥망성쇠를 함께하기 때문이다. 군산문화원에서 2009년에 발행한 『군산의 지명유래집(개정 3판)』을 살펴보면 하제마을이 속한 선연리 지명들에 대한 유래를 간략하게 설명해 놓았는데, 그중 흥미로운 점은 '우아래고라실 동쪽에 있는 들'이라고 설명하고 있는 '서만이밧들'이라는 고유지명이다.

'서만이밧들'이라는 게 무엇일까? 한참 고민하다 잊고 지내던 중 어느 날 우연히 유명 관광지인 강원도 영월의 '서만이강변'의 존재를 알게 되었다. 발음이 비슷해 그 의미를 살펴보니 '서만'이라는 의미가 '섬 안'을 뜻한다는 걸 알고 나서 꽤 흥분했었다. 강원도 횡성군 태기산의 남쪽 계곡이 발원지로 알려지는 주천강은 영월군 무릉도원면 도원리 일대에서 태극 모양으로 흐르는데 강줄기 안쪽의 교량이 없었더라면 섬처럼 고립되었던 마을이기 때문에 섬안마을이라 하며, 그 강변을 서만이강변이라고 부르고 있었다. 섬 안을 서만이라는 연음으로 부르는 곳은 북녘 지역에도 존재했다.

『조선향토대백과』에 따르면 평안남도 북창군 신평리 소재지 서쪽에 있는 마을 역시 조산강 가운데 생긴 섬 안에 있다고 하여 섬안마을이라 부른다고 한다. 정확히 하중도 안의 마을인지 강원도 영월처럼 한쪽은 산이고 앞쪽은 강변인지 알 수는 없지만, 대략적인 지형을 보면 아마도 영월처럼 고립된 마을일 가능성이 크다. 설명이 길어졌지만 군산 선연리의 '서만이밧들'의 의미는 앞서 사례처럼 섬 안의 밭과 들인 것이다.

군산문화원의 지명유래집에서 서만이밧들이 우아래고래실(송촌과 전 사이에 위아래로 길게 놓인 들) 동쪽의 들이라 해서 지형을 살펴보니 송촌과 옥봉리 아래의 논밭이 정말 섬 안의 밭이다. 참고로 고라(레)실이라는 의미는 논바닥이 깊고 기름진 땅을 의미하는데 골짜기 하부에 발달한 충적지대로 바둑판식 기계화 영농 작업 구간보다 대체적으로 지형 형태대로 침식되어 발달한 논이다. 여기에선 섬안마을이 아닌 서만이밧들로 밭과 들이 섬 안에 있다는 것을 의미하는데 일제강점기인 1910년 지형도를 보면 쉽게 이해할 수 있다. 송촌마을과 장전마을 사이 위아래로 중제마을까지 내려온 밭과 들을 섬 안이라고 한 이유는 그 밭과 들의 동쪽과 남쪽은 농사를 지을 수 없는 질퍽질퍽한 땅이었기 때문에 밭과 들이 마치 섬 안에 있는 농토처럼 되어버린 것이다. 한편, 지금은 고인이 되신 하제 지역의 심호택 시인의 1992년 발간된 첫 시집 『하늘밥도둑』의 오소리 굴에서도 "고래실과 까침바우 어리중간에/ 모새바람 있었지요 옛날/ 최고운 선생이 막대기로 글씨 썼다는/ 그 세모래밭 추운 날이나 더운 날 걷자면/ 고무신 푹푹 빠져 애먹었지요."라는 문구에서도 하제 지역 고래실이 등장한다.

🐾 하제(화산)마을은 독립적인 섬

옥녀봉~하제까지 하나로 이어진 섬이 아닌, 옥녀봉에서 분리하여 하제 지역을 독립적으로 떼어내 섬으로 표시한 지도가 있어 눈길을 끈다. 1894년 일본제국 육지측량부에서 발행한 「朝鮮及渤海近傍: 假製東亞興地圖」 동아여지도 옥구 지방을 살펴보면, 옥구현의 좌측에 세로로 길게 제법 큰 섬이 그려져 있는데 이 지점은 옥녀봉 일대를 그린 것이며, 바로 하단의 또 하나의 섬이 바로 화산 지역인 하제인 것이다. 하제 일대를 옥녀봉과 떼어내 별도의 고립된 섬으로 그린 지도로서는 아주 드문

지도로 하제 주변이 바닷가였다는 것과 더불어 하제 일대인 화산 지역
이 섬이었다는 것을 단적으로 보여준다.

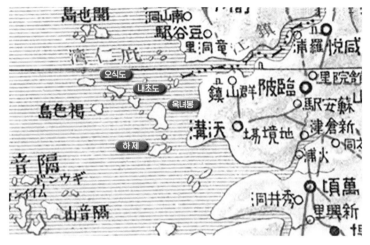

동아여지도(1894년) 〈출처: 미 의회도서관〉
필자가 이해를 돕기 위해 오식도, 옥녀봉, 내초도, 하제를 별도 표기하였다.

실제 수백 년 전에는 이와 비슷한 모습이었을 것으로 생각되는데,
1894년에 발행된 동아여지도에 옥녀봉과 하제가 분리된 모습과 옥녀
봉 우측이 바닷가로 그려진 모습에 놀랄 따름이다.

🐾 무의인도(無衣人圖)로 불린 옥녀봉~하제마을

무의인도라는 섬 이름을 처음 접했을 때 두 가지의 느낌으로 다가왔
다. '하제라는 곳이 과거에는 섬이었구나.' 하는 부분과 이내 실망으로
'왜 무의인도라고 했을까? 하제는 이미 수백 년 전부터 사람들이 정착해
마을을 이루어 발전해 온 지역인데, 왜 무인도처럼 느껴지게 옷을 입은

사람이 없다는 뜻을 붙였을까?' 하는 부분이었다. 또한, '사람이 거주하지 않는 다른 섬들에는 왜 무의인도라는 지명이 없을까?'라는 의문도 갖게 되었다. 이런 지명은 전국에서 유일무이하기 때문이다. 그런 의문을 갖게 된 수개월이 지난 후 무의(無衣)라는 개념이 불교에서 사용되는 용어라는 걸 발견하였다. 실용 한-영 불교사전에서 무의를 "무착(無着)과 같은 말, 만경(萬境), 곧 온갖 경계에 접하고 있으나 그 무엇에도 의지함이 없는 것을 무의도인(無衣導人)이라고 말함. 따라서 이를 무여열반(無餘涅槃) 또는 무의열반(無餘涅槃)이라고도 한다."라고 정의하고 있다. 고려 송광사의 2대 조사인 진각국사 혜심스님(1178~1234년)의 자호는 무의자(無衣子)이기도 하다. 따라서 옥녀봉에서 하제까지 아우르는 섬 이름인 무의인(無衣人)이라는 표현은 바로 신선을 의미하는 것으로 옥녀봉 인근 최치원의 설화가 살아 있는 내초도와 1914년 행정구역 통폐합으로 만들어진 선연리의 지명유래를 고려해보면 무의인도는 신선이 된 최치원이 노닐던 섬을 의미하는 게 아닐까 생각한다.

1910년 조선총독부에서 발행한 한국수산지 Ⅲ권 전라도의 옥구부 편에서는 포구와 섬을 내초도, 비응도, 오봉포, 무의인도 순으로 무의인도(옥녀봉~하제 지역)를 자세하게 설명하고 있으며, 1934년 일본 수로부에서 발행한 『조선연안수로지』제2권에서는 무의인도는 "내초도의 남동방(南東方) 약 8鏈(鏈: 1해리의 10분의 일, 185.2m)정도 떨어진 한 개의 큰 섬이며, 현재는 반도(半島)로, 반도 위는 선연리다. 섬의 정상은 북서단의 옥녀봉으로 높이는 83米(米: 1m)이며, 남단은 華山(花山)으로 54米이다."라고 적혀 있어 무의인도의 위치가 하제라는 걸 말해주고 있다.
한편, 1922~1937년에 간행된 이병연의 『조선환여승람』은 내초도를 일명 무의인도로 군 서쪽의 사십 리에 있으며 문창현의 옛터라 적고 있지만, 내초도 지역을 무의인도로 표기하는 경우는 드물다. 일부 지도에서 내초도로 추정되는 지역을 무의인도(합도)로 표기한 지도가 있지만, 추후 학문적인 영역에서 검토가 필요한 부분이라 이 글에서는 소개만 하겠다.

조선전도(1873년) 〈출처: 미 의회도서관〉
옥녀봉 ~ 하제 지역이 아닌 내초도를 무의합도로 표시하고 있다. 합도라는 의미는 주변 섬 이름 끝자리에도 붙여진 것으로 보아 섬의 무리를 통칭한 것으로 보인다.

    일본 해군 수로료(水路寮)에서 발행한 1873년 「조선전도」에서는 내초 도를 무의합도(無衣合圖)로 표기하였으며, 앞서 언급한 옥녀봉~하제 지역 을 하나의 섬인 무의인도로 표기했던 1905년의 육군참모국에서 발행 한 「조선서안」 및 1906년의 「군산포급근처」보다 대략 30년 정도가 빠 른 지도지만 지명과 지형들이 다소 엉성하다. 일례로 전북 지역 개야도 바로 우측에 죽도로 표시되어 있지만, 실제는 좌측의 작은 섬인 죽도이 며, 우측이 개야도다. 무의합도 하단에 있는 아사합도(阿士合島)는 1873 년의 「朝鮮國細見全圖」에서는 무의인도 좌측 멀리 표시되어 있어 섬의 정체가 의심스럽다.

19세기 일본에서 그려진 해도는 천문학이 발달한 영국 등의 해도를 참고하다 보니 영어로 된 지명을 일본식으로 재번역하는 과정을 거쳤고, 그렇기에 우리도 모르는 섬 이름이 상당수 눈에 띈다. 당시 조선의 지역을 외국에서 정확하게 측량하기 힘든 19세기였기 때문에 오류들이 있지만 추후 왜 그런 이름들이 붙여졌는지 향후에 분석해 볼 예정이다. 1875년 일본 육군 참모국에서 발행한 또 다른 「조선전도」를 살펴보자.

조선전도(1875년) 〈출처: 미 의회도서관〉
옥녀봉 ~ 하제가 아닌 내초도를 무의인도로 표시하고 있다.

　　이 지도의 하단에 실린 범례를 살펴보면 「朝鮮八道全圖」, 「大淸一統輿圖」와 영국, 미국에서 간행된 해도를 참조하여 만들었으며 특히 함경도의 한 조선인에게 지리에 관한 자문을 하고 의문스러운 것을 물어 틀린 것을 바로잡았다고 적혀 있다. 당시 일본의 해도는 영국, 미국, 러시아, 중국의 해도 등을 많이 참조했으며, 일본에서 측량한 것을 추가하여 그린 것들이 많지만, 1875년 「조선전도」는 일본이 제작한 최초의 근대적인 외국 지도라고 일컬어진다. 하지만 지도를 보면 화산 지역의 형태가 어긋나 있으며, 화산의 바로 아래에는 이름 모를 큰 섬이 그려져 있고, 또한 고군산군도의 섬 명칭은 이름 모를 지명들이 많은 것은 앞서 언급한 1873년 일본 해군의 「조선전도」와 비슷하다. 1873년의 「조선국세견전도」, 1875년 육군의 「조선전도」는 필자의 생각으로는 비슷한 제작 시기와 비슷한 지명들을 볼 적에 제작의 모티브가 되었던 원도가 같지 않을까 판단된다. 이 세 가지 지도는 똑같이 옥녀봉의 좌측 내초도로 생각되는 조그만 섬에 무의인도로 표시하고 있다.

우리 고지도서에는 무의인도라는 명칭은 확인되진 않지만 일본 해군에서 발행한 지도 중 내초도가 아닌 옥녀봉~하제 지역을 무의인도로 표시한 해도(海圖)의 측량연대를 각각 살펴보면 1905년에 발행한 「조선서안」은 1894~1903년이며, 1906년에 발행한 군산포(浦) 위주로 작성된 「군산포급근처」는 1899년으로 무의인도라는 지명은 19세기 후반에 이미 널리 사용된 지명이라고 생각할 수 있다.

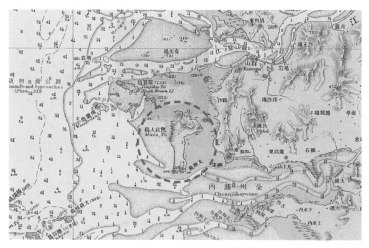

조선서안(1905년) 〈출처: 일본 동부대학 부속도서관〉
서해안 전 해역을 그린 해도로 옥녀봉 ~ 하제 지역을 무의인도로 표시

「조선서안」은 우리나라 서해안을 일본 해군에서 측량 후 1905년 수로부에서 발행한 지도로 『한국수산지』에 나오는 '전라북도전연안(全羅北

道全沿岸)'과 비슷하지만 「조선서안」에는 대조기와 소조기의 시간이 별도로 명시되어 있을 만큼, 군사용 목적으로 그려진 해도로 아주 세부적으로 그려져 있다. 필자가 찾아본 옥녀봉~하제 지역을 무의인도라고 표시하는 지도로서는 측량 연도나 발행 연도가 제일 빠른 지도로, 이 해도의 무의인도는 정확하게 바닷가와 인접한 옥녀봉 하부~하제까지 하나의 섬으로 그리고 있다.

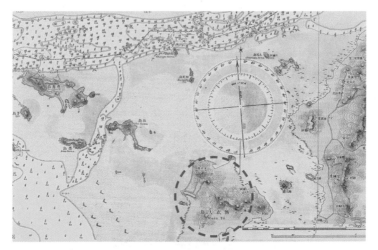

군산포급근처(1906년) 〈출처: 일본 동부대학 부속도서관〉
금강 하구 일대를 그린 지도로 옥녀봉~하제 지역을 무의인도로 표시한 해도.

군산 지역의 포구가 중요하였기 때문에 일본 해군에서는 1899년 금강 하류 일대를 별도로 측량하여 「군산포급근처」 해도를 작성하였다. 이곳에 보이는 부분은 무의인도가 나오는 부분만을 필자가 편집한 것으로, 옥녀봉 아래 서쪽은 간석지 부분과 습지 공간에 초(草)지의 발달이 보이며, 거사포 일부 주변에서도 초지들이 보이는 부분들은 사질성의 토질로 추정되는 자리다. 상제와 송촌마을의 지명이 지금보다 우측에 표시되어 있다.

한 가지 특이한 사항은 일본 해군 수로부에서 군사용 목적으로 만들어진 해도는 한결같이 고립무원의 섬인 무의인도라고 표시한 반면에 1919년 이후에 발행되는 조선총독부 육지측량부에서 나온 지형도들은 육지라고 표기하고 있으며, 무의인도라는 지명은 찾아볼 수 없다. 이유는 어느 정도 간석이 이루어져 실제 초지가 만들어졌을 수도 있고, 토지의 사용관점에서 간석지를 육지로 표시했을 수도 있기 때문이다.

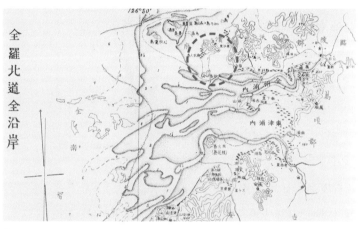

한국수산지(1910년) 〈출처: 日本 水産研究・教育機構〉
조선총독부 농상공부 수산국에서 발행한 서적으로 옥녀봉~하제 지역을 무의인도
로 표시된 해도.

　수산학이 학문적으로 발달하자 1910년 조선총독부에서 『한국수산지』를 발행하는데 수산지에 실린 「전라북도전연안」의 해도를 보면 무의인도의 상부에 위치한 옥녀봉과 하부인 화산과 하제 지역에 등고선이 그려져 있다고 설명한다. 또한, 수산지 전라도 옥구부 편에서는 무의인도를 '정면에 속하며, 만경강 하구의 섬으로 남북이 길고, 동쪽은 일부가 간석지로 육지와 접속되어 있는 곳'이라고 구체적으로 기록하고 있다. 하제마을의 600년 팽나무 주변이 과거 바닷가라는 걸 굳이 지도

와 사료까지 찾아 보여주는 이유는 하제마을이 과거 섬이었다는 걸 아는 사람이 극히 드물기 때문이다. 600년 팽나무에는 하제마을 주민들의 고된 바닷가 삶이 녹아들어 있기에 사료에서 섬 지역을 고찰하는 건 중요한 작업이다. 바닷가의 오랜 팽나무는 군산 지역 내 야미도, 무녀도 등에서도 생육하고 있으며, 특히 야미도의 고목 팽나무는 안녕과 번영을 위해 마을에서 신성시하고 있다.

한편, 『한국수산지』에서는 무의인도 일대를 설명하면서 금강~만경강 하구의 염전에 대하여 1년간 염전에서 생산되는 소금이 평균 1백 2십만 근에 달한다고 적고 있다.

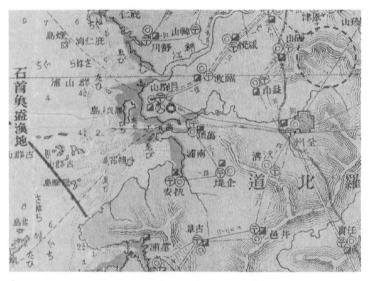

한국수산물분포도(1906년) 〈출처: 日本 水産研究・教育機構〉
한국수산지 부록인 한국수산물분포도로, 지역의 어류들이 표기되어 있다.

이 지도는 일본 해군 수로부가 1904년 측량하여 1906년에 발행한 『조선전안』의 지형, 수심 등을 참고해 융희 2년(1908년) 일본 조선총독부의 전신인 통감부가 작성된 지도로 한국수산지 발행 시 부록으로 첨

부하였다. 「한국수산물분포도」의 지도를 보면 무의인도가 크게 표시되어 있으며 우측의 평지가 갈색으로 채색되어 있어 바닷물이 들어오는 지역임을 알 수 있어 과거 섬 지역임을 확실하게 보여준다. 이 지도상의 조간대 지역은 이미 간척이 이루어졌거나 현재도 새만금으로 인한 간척이 이루어지고 있다.

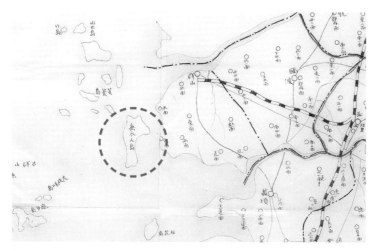

전라북도 지도 〈출처: 국가기록원 〉
약도에 하제지역이 무의인도로 표시되어 있다.

1914년 통폐합 이전의 행정구역(정면, 서면 등)과 호남선 철도(1913년)가 그려진 것을 보면 1913~1914년 그려진 것으로 보이는데, 이후 1914년 행정구역 개편 당시 임피군과 통합되어 경계를 붉은 실선으로 수정한 약도로 하제 지역의 무의인도는 완전한 섬으로 표시되어 있으며, 서쪽의 내초도는 형태적으로 그려져 있을 뿐 별도의 지명이 표기되어 있지는 않다. 「전라북도」 지도는 약도지만 굳이 하제 지역을 '무의인도'라고 표시할 정도로 당시만 해도 이 지역 일대가 섬이라는 인식이 강했던 것으로 보인다.

2 바닷물이 들어오고 나가는 지형

🏯 1910년의 하제 동쪽의 조간대

군산지도(1913년) 〈출처: 국립중앙박물관〉
중제마을 동쪽은 1km까지, 하제마을 동쪽은 1.5km까지는 바닷물과 만경강 하류의 강
물이 들어오고 나가는 지역으로 표시되어 있다.

　일본 육지측량부에서 1910년 측량하여 1913년에 발행한 지도를 보
면 하제 동쪽으로는 일상적으로 바닷물에 잠기거나 조간대임을 표시해
주고 있고 중제 동쪽과 거사포 부근은 사질성 토질이 상대적으로 많이
분포되어 있는 것처럼 보인다. 물론 거사포의 지명 등을 통해서 알 수
있듯이 백제 시대 등 아주 오래전에는 포구였을 거라 판단되며 화산에
서 중제까지의 서해안 해변은 해수욕을 즐길 수 있는 백사장이었다. 하

여, 하제 기수 지역에는 주로 해양성 나무들이 많이 서식하고 있다. 대표적인 수종으로 팽나무· 묏대추나무 등이며 특히 600년 팽나무는 수형, 흉고, 둘레 등을 고려하면 다른 지역의 팽나무에 비해 형태적으로 매우 아름답다.

🐌 송촌마을 앞까지 들어온 바닷물

전라북도군산부약도(1914년) 〈출처: 국가기록원〉
상제리 앞까지 바닷물이 들어오는 파란색으로 채색되어 있다.

군산부(群山府)약도는 하제 지역을 고립된 무의인도가 아닌 동쪽으로 바닷물이 들어오고 나가는 지역이라고 표시하고 있다. 육지처럼 하제를 그려 놓은 것을 보면 일상적으로 바닷물에 잠기는 지역은 아닌 것으로 추정된다. 옥녀봉 산등성이의 구릉지에 상제리가, 가운데 조그만 산자락의 구릉지에는 중제리, 하부의 화산 근처에는 하제리가 표기되어 있어 마을의 형성이 산기슭의 충적지에 잘 발달되어 있다는 걸 보여준다. 아마 지형도 길쭉한 데다 사다리를 건너는 느낌이 들기도 하고 위치도 바로 옆에 붙어 있으니 순서대로 상제, 중제, 하제라고 표기하지 않았을까 추측해 본다. 한편 이 약도는 1장에서 설명한 것처럼 1912~1913년도에 발행된 약도를 1914년에 행정구역 경계만 변경하여 수정한 지도다.

🐾 광활한 평야의 간석지

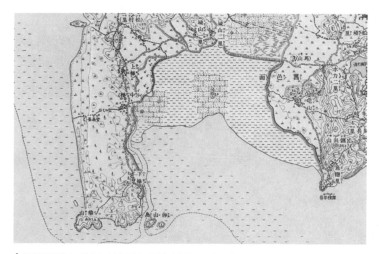

군산지도(1919년 조선총독부 발행) 〈출처: 국립중앙박물관〉
옥구저수지가 만들어지기 전 주변 일대는 천일염전이 발달되어 있었다.

1916년 측량하여 1919년 조선총독부의 육지측량부가 발행한 「군산지형도」에는 하제 지역이 무의인도로 표시되어 있지 않지만, 선연리 우측을 포함해 군산 대부분이 남북으로 강물과 바닷물이 들어오고 나가는 기수 지역이거나 조간대임을 알 수 있다. 또한, 땅의 토질에 따라 진흙, 암, 모래, 습지 등으로 구분했고 경작 형태에 따라 과원, 밭, 염전 등

으로 구분하여 표기하였는데, 중제마을의 우측을 포함해 지금의 옥서
면, 신관동 그리고, 개사동 지역이 전에는 염업을 했던 곳이었다. 염업
을 했던 개사동에는 1923년 현재의 옥구저수지가 만들어져 지금에 이
르고 있으며, 해방 이후에도 옥구 일대는 염전이 적극적으로 개발되었
다. 1948년 옥구읍 어은리 일대에 조선 제염 공사가 설립되고 72년에
는 한국염업(주)이 만들어지면서 염업이 크게 발전한 지역이기도 하다.

염전삼거리
하제에 들어서기 전 앞 삼거리는 염전삼거리로 불렸는데 지금도 도로표지판에 여
전히 남아 있다.

1910년 당시만 해도 금강~만경강 하구까지는 염전이 크게 발달했던
지역이다. 이 부분들이 1920년대 간척으로 염전이 답으로 바뀌었으며,
70년대의 번성했던 옥구 지역의 염전도 완전히 사라져, 지금은 당시 흔
적만 남아 있을 뿐이다.

선연리 일대 옥봉리~하제 지역은 앞서 기술한 것처럼 과거의 지도에 무의인도라는 이름이 말해주듯 여러 지형도를 통해서 바닷물이 들어오고 나가는 지역임을 알 수 있었다. 이번 편에서는 과거 바닷가였던 600년 팽나무를 이해하기 위한 하제 일대의 간척 사업에 대하여 기술하고자 한다.

불이농촌과 옥구농장

불이농촌과 옥구농장
〈출처:https://ksyc.jp/mukuge/284/horiuti.pdf〉
간척지가 마치 한반도 모양과 흡사하다.

군산 지역의 간척은 일제강점기에 '조선 수리왕(水利王)'이라는 별명을 얻은 후지이 간타로가 1914년 설립한 농업회사인 불이흥업(不二興業) 주식회사로 시작된다. 여기서 불이(不二)라는 의미는 일본과 조선이 둘이 아닌 하나라는 개념으로 전국에 불이농장(不二農場)을 설치하는데 1919년 전라북도 옥구군에도 농장을 설립하고 간척 사업을 벌인다. 옥구군 해변에서 당시 섬이었던 무의인도까지 6㎞와 난산도에서 어은리까지 8㎞ 등 총 14㎞ 구간에 제방

을 쌓기 시작하였다. 그러나 당시 신문을 들여다보면 시작 전부터 지역
에서 많은 반대가 있었던 사업이지만, 영구소작권 보장, 소작료 3년 면
제, 간척 사업 참여 시 임금 지급 등을 앞세워 강행하여 사람을 모았다.
위의 그림에서와 같이 옥구저수지의 북쪽 지역은 불이농촌으로 군산부
가 있고 자혜병원 등 병원시설들이 있기에 복지 및 교육 등을 고려하여
일본 본토의 자국민들을 대상으로 모집 후 이주시켜 정착시킨 반면, 여
러 시설이 열악한 옥구저수지 남쪽 지역은 조선인을 통하여 소작을 대
가로 개간시킨 후 그 땅을 농민에게 약속된 소작과 소작료를 주기로 했
다. 그러나 임금은 지급되지 않았으며, 오히려 수리시설을 만들어 준 대
가로 착취가 심했으니 노예처럼 부려 개간시킨 것이나 다름없었다.

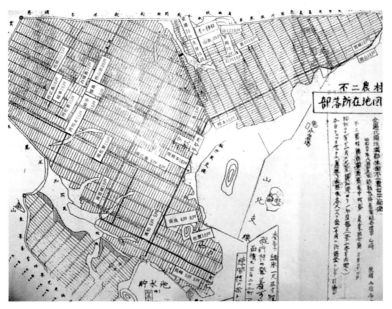

불이농촌(옥구저수지 북단) 〈출처: 関西学院大学 先端社会研究所紀要 第11号〉
지금의 옥녀저수지가 만들어지기 전 지형으로 바닷물이 들어오는 것으로 표시되어 있다.

조선총독부 관보를 들여다보면 이미 1911년부터 국가 소유의 미(未)개간지 역시 간척을 위해 여러 조사를 통해 규모를 파악하고 일본인들에게 대부를 실시하여 개간했기 때문에 당시 상제, 중제, 하제 내부 용도가 없던 미개간 지역은 개간되었을 것으로 예상한다.

🐾 선연리는 조간대였다

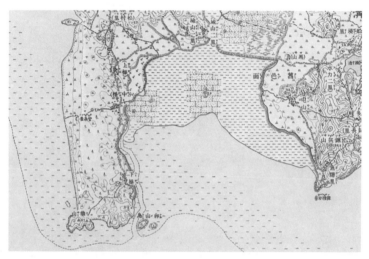

군산지도(1919년 조선총독부 발행) 〈출처: 국립중앙박물관〉
옥녀봉의 북쪽은 바닷물이 들어오는 것으로 표시되어 있다. 훗날 간척 지역으로 육지화되고 1970년에 농업용수를 저장하기 위한 탱크로 옥녀저수지가 들어선다.

1919년 지형도에서도 알 수 있듯이 이미 일부 간척이 들어간 상태로 논농사와 밭농사를 지을 수 있는 토지가 형성되어 있고 상제마을 우측의 구읍면(옥구) 방향은 갯벌이 광범위하게 자리 잡고 있으며, 일부는 바닷물을 끌어들여 염전이 있는 상태로 보인다. 하제마을의 우측은 확고한 인공적인 제방이 만들어지지 않는 상태라 바닷물이 일상적으로 폭넓게 들어오며, 일부 지역은 썰물 때 물이 빠지는 지역으로 그려지고 있다. 1916년 측량하여 1919년에 발행한 지도로 1916년 당시만 해도 옥봉리·선연리·어은리 지역은 본격적인 대규모 간척은 진행되지 않은 상태임을 알 수 있다.

🐾 불이농촌에 의한 간척 지형

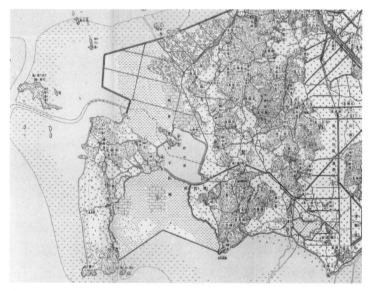

▎**군산지형도**(1925년 조선총독부 발행) 〈출처: 국립중앙박물관〉

1916년 측량 후, 1921년 수정 측량하여 1925년에 발행한 지형도를 보면 옥구저수지와 수로가 개설된 것을 볼 수 있는데 옥구저수지의 북쪽은 큰 사각형 형태의 경작지와 제방이 만들어져 있는 걸 볼 수 있다. 옥구저수지 남쪽 역시 하제에서 어은리 오봉산의 앞바다까지 제방 건설로 기존의 갯벌이 건조해지면서 일부 초지가 형성된 상태가 보인다.

제방 아래 남쪽은 여전히 썰물 때 물이 빠지는 기수 지역으로 그려지고 있다. 1921년 재측량을 하여 발행한 지도로 옥구저수지 위아래의 간석지에 '불이흥업 간석지' 문구가 적혀 있다. 간척이 이루어지고 있는 옥구저수지 북쪽은 불이흥업이라는 농업회사가 일본 본토에서 이민자들을 모집해 이상촌을 만들려 했던 지역이지만, 조선의 소작인들이 개간하는 옥구저수지의 남쪽은 제방만 그려진 간척 현황을 보여주고 있다. 이때부터 중제, 하제 지역의 앞바다에 본격적으로 간척 사업이 진행되었다는 걸 알 수 있으며, 현재 군산시 산북동의 불이농촌은 2008년 군산시 향토문화유산 제16호로 지정되어 있다.

🐾 불이흥업에 의해 간척이 완료된 지형

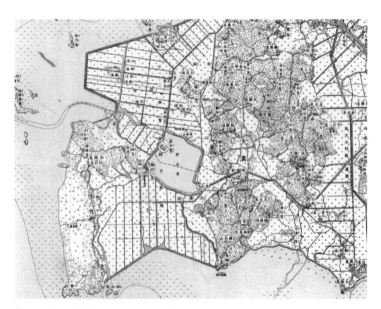

군산지형도(1933년 소선총목부 빌헹) 〈출치: 국립중앙박물관〉
불이흥업(불이농촌+옥구농장)에 의한 간척된 모습을 볼 수 있다.

1933년도의 오만분의 일 지형도를 보면 지금의 하제 앞 옥봉리와 어
은리 지역이 1925년 지형도에는 제방을 쌓고 내부에만 큰 구획으로만
나누어져 있던 곳이 1931년도 측량되어 1933년에 발행된 지도에는 반
듯하게 세부적으로 바둑판처럼 나누어진 걸 볼 수 있으며, 불이흥업에
의한 간척이 지금의 소룡동~하제~어은리까지 마무리된 걸 알 수 있다.
이로써 1913년~1933년까지의 지형도를 통해 과거 무의인도라 불렸
던 하제 지역의 간척 사업이 어떻게 시대별로 변화되었는지 한눈에 알
아볼 수 있다. 한 가지 특이한 점은 1925년 발행한 지도에 나타났던 중
제 동쪽과 옥구저수지 주변의 큰 염전들이 사라지고 간척지로 변했다
는 점이다. 바로 소금 대신 쌀을 택한 것이다.

🐾 피땀으로 이루어진 곡창지대

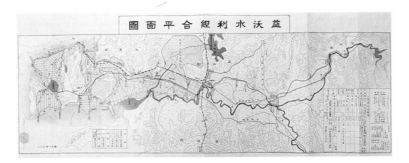

익옥수리조합 평면도
1920년 2월 5일 임익(臨益)남부수리조합과 임옥(臨沃)수리조합이 합병되어 익옥(益沃)
수리조합이 설립되었는데 익옥수리조합의 평면도. 간척된 지역이 노란색으로 채색되
어 있다.

익옥(益沃)수리조합의 평면도를 보면 군산 지역의 노란색으로 평면이
그려져 있는 부분은 불이흥업에 의한 간척지다. 오늘날 옥구저수지 주

변, 아니 대부분이 당시 전부 개간으로 얻어진 평야라는 걸 알 수 있다.

| 인근 하제의 수로 공사 현장으로 터파기 법면을 보면 갯벌이 그대로 보인다.

불이농촌과 옥구농장에 관개 수로를 만들고 관리하기 위해 익옥수리조합이 만들어졌지만, 초대조합장은 불이흥업 주식회사의 창업자이기도 한 후지 겐타로였다. 대아댐으로부터 용수를 공급받는 옥구저수지는 농사에 물을 대기 위해서 큰 수원이 필요하기도 했지만 간척된 농토의 염분을 제거하기 위해 지속적으로 많은 물을 공급해주는 게 필요했을 것이다. 간척은 제방을 만들어 내부의 토지를 건조하는 원시적인 방법이라 지금도 토양을 보면 전부 갯벌이고 상부층 역시 인근의 수로개설 현장을 봐도 알 수 있듯이 상부 표토층까지 그대로 펄로 이루어졌다.

🐾 과거의 물길

1920년대만 해도 지금익 내초동~옥녀저수지까지는 일상적으로 바닷물이 들어오는 지역이었고, 옥서면 옥봉리 아래 지역은 간석지였다.

또한, 하제마을의 동쪽은 만경강 하류 일대로 선연리~어은리 일대는 만조 시에는 강물 또는 바닷물이 들어와 상제, 중제, 하제 지역은 굳이 무의인도라는 이름이 아니더라도 어느 정도는 섬처럼 분리되었을 것이라고 추정된다. 또한, 진흙탕으로 된 간석지가 쉽게 걸어 다닐 수 있는 지역은 아니었다는 이야기는 많이 남아 있다. 1920년대에 불이흥업이라는 농업 기업에 의해 이미 간척이 완료돼 지금은 예전의 지역을 상상할 수가 없지만, 백 년 전만 해도 북쪽은 내초도 또는 금강 주변에서 만조 시 바닷물이 쉽게 내려올 수 있는 지형이었던 것으로 보인다. 그러나 1960년대부터 외항 및 국가공단을 건설하면서 지속적인 간척이 이루어져 가래도, 입이도, 내초도, 오식도, 가도 등 많은 섬이 흔적도 없이 사라졌다.

남쪽은 만경강 하류와 경계를 이루는 바닷물이 유입되는 지형으로 하제마을이 섬이었을까 생각하는 사람은 사실 드물다. 하제마을에서 옥녀봉 일대까지 하나의 섬이라고 말하면 믿기 힘든 사람이 많아 필자가 지도를 통해 고증하고 알리는 것이다. 한편, 하제 일대가 과거 섬이라고 말해주는 듯 내륙에서는 볼 수 없는 대추나무의 원조 격인 묏대추나무가 신시도 지풍금 갯벌 지대 부근에서 처음 봤을 정도로 드물게 관찰되는 종인데 하제마을에서는 흔하게 여기저기 생육하는 걸 볼 수 있다.

4 | 1960년대 하제 포구 전경

🐚 하제 포구 주변의 갯벌

1960대 하제 포구 〈출처: 하제마을 주민 고(故) 고종섭 님 作〉
강줄기가 지금과 달리 S 자형으로 되어 있다.

1960년대의 하제 포구 전경이다. 좌측 산은 과거에는 난산도(卵山島)라 불렸던 작은 섬이었으며, 중간에 암초가 있고, 우측은 까침바우산이다.

현재는 난산도와 암초 사이에 교량이 설치되고 교량과 하제마을을 잇는 도로가 개설되어 있다. 강줄기를 자세히 보면 갯벌과 높이의 차이가 나지 않는다는 것을 알 수 있다. 평상시에는 만경강 하류의 강물이 들어오겠지만, 만조 시에는 사진에 보이는 갯벌에도 바닷물이 안쪽으로 들어와 있을 것으로 추정되는 장면이다. 지금은 사라진 마을이지만, 안 동네 히제마을이 커져 바닷가인 난산 방향으로 가옥들이 늘어나는 모습으로 제법 많은 가옥들이 포구 앞에 모여 있다. 빨랫줄에 걸려 있는 옷

감, 분주하게 많은 사람이 오고 가는 모습, 조그만 어선들이 어민들의 일상을 알게 해준다.

🐌 하늘에서 본 갯벌

1967년 항공사진 〈출처 : 국토지리정보원〉
하제 포구의 강줄기 주변들은 갯벌로, 당시 하제 주민들은 갯벌에 사는 노랑조개가 주 수입원이었다.

사진상의 갯벌은 현재 초지 또는 답(畓)이며, 멀리 바닷가 쪽은 새만금 사업을 통해 새로운 간척지가 만들어지고 있다. 또한, 1960년대 당시에는 하제 포구의 강줄기가 'S' 자 형태로 만곡부를 만들면서 자연스럽게 하천이 형성되어 있었지만, 현재는 만경강 하류에서 하제까지의 강줄기는 하천 개선 사업으로 직선 형태를 이룬 지 오래다. 광활한 갯벌을 기반으로 서해안의 특산품인 노랑조개가 일본에까지 인기를 끌고 어항이 발달되면서 많은 배가 출입하기 시작하자 선착장이 만들어지고 배들이 진·출입하기 쉽게 수로가 개선되었다.

제4장

일제강점기의 군산비행장

🐾 군산 육군비행장 연혁

조선신문(1925.08.21)

선연리의 상제~중제~하제를 중심으로 형성되었던 명사십리는 전국적으로도 명성을 떨쳤다. 1924년 08월 09일 자 조선신문을 보면 선연리 해수욕장 개장이라는 제목의 기사와 함께 탈의장이 설치되어 있고, 해수욕장까지 당일 2대가 왕복하는 차량 안내 기사가 등장할 정도이다. 그러나 1925년 8월 21일 자에는 전라북도 내 육군비행장 설치 후보지로 군산 부근의 불이간석지, 전주 덕진지, 김제군 진봉면 중 군산 불이간석지를 최적지로 결정하고 평야의 정지작업을 개시한 후 비행 연습을 한다는 내용이 실려 있는 것처럼 비행장 설치검토가 이루어지기 시작한다.

특히 일제강점기에 활동했다고 알려진 자살특공대(가미가제)의 다치아라이 육군비행학교 군산 분교가 1940년대에 운영되고 있었는데, 다치아라이 비행학교 비행기 사진들이 '2016년 동국사 소장 일제강점기 문화유산 학술조사' 과정에서 미군이 제작한 전주·군산 영문판 특별보고서와 같이 빌견되었다. 이 보고서에는 일본이 만든 동서쪽의 활주로 제원과 위치들이 담겨 있다.

🐾 군산비행장 활주로

현재 군산시의 상제(上梯)·중제(中梯)·하제(下梯)마을 중 상제와 중제는 일제강점기인 1938년~1939년에 일본 육군비행장 설치로 마을이 대부분 편입되었으며, 동서쪽으로 비포장 활주로가 건설되고, 이후 1940년~1941년에 확장 공사가 이루어졌다.

2 해방 이후의 미 공군비행장

✿군산 기지를 정찰하고 있는 정찰기

미군정찰기 〈출처: 국사편찬위원회, 원출처 미 국립문서관리청(NARA)〉
일본의 패전 이후 1945년 09월 미 정찰기가 군산비행장을 정찰하고 있다.

해방 이후에는 미군이 주둔하며 소규모 연락기지로 사용되어 왔으나, 1950년도에 한국 전쟁이 발발한 이후 북한군의 진격으로 7월에 군산비행장 기지를 점령당했다. 그러나 10월에 미군이 탈환하면서 1951년도에 남쪽과 북쪽으로 새로운 활주로(약 1,520m)를 만들고 1958년도에 다시 연장하여 현재의 활주로(2,740m)에 이르고 있다.

정찰 목적은 일본이 패전을 선언함에 따라 조선에서의 거점별 중요 기지에 일본군의 항복이 실질적으로 이루어지고 있는지 사진들을 찍어 본국에 보고하는 것이었다. 좌측 상단부들은 지금은 간척 사업으로 사라진 섬들이다. 일제의 활주로는 비포장 활주로였으며 지금도 존재하는 수라마을의 수라지(池)가 보인다.

🐾 1950년대의 비행장 모습

1950년대의 군산비행장
수송기 주변 일대가 비포장 상태다.

이 컬러 사진은 필자가 1950년대의 슬라이드 필름을 e-bay에서 원판으로 구한 것이다. 1950년대의 군산 공군기지 내 전경을 컬러 사진으로 볼 기회는 흔치 않다. 영병산을 배경으로 뜬 수송기의 모습이 담겨 있다.

제5장

하제 지역의 식생 조사

　이번 편에서는 식생 조사를 통한 하제마을의 이해를 돕고자 생태환경을 간략하게 실어보고자 한다. 군산 안의 자생식물들은 오래전에 서식 상태를 초본식물 위주로 면밀하게 조사해본 적이 있었다. 하지만 하제 지역의 아스팔트 포장 도로의 우측 펜스 내부는 미 군사시설이고, 원주민들의 가옥이 있던 끝 지점의 경계에 있던 골목길 내부는 하제마을의 바깥에서는 잘 보이질 않기 때문에 팽나무의 존재를 알 수가 없었다.

　'600년 팽나무 문화재 만들기' 프로젝트를 계기로 하제마을 일대를 조사해보니 이미 터전을 빼앗긴 인간과는 달리 공간마다 오랫동안 해양성 기후에 알맞게 성장해 온 자생식물의 목본류들은 꿋꿋이 자리를 지키고 있었다. 팽나무, 묏대추나무, 곰솔, 꾸지나무 등이 그렇다. 습지에서 자라나는 버드나무, 당산나무였던 200년 소나무, 우물가 옆의 고욤나무 등이 자생적으로 자라고 있었고, 인공적 식재로는 마을의 집터 주위에 20m 높이의 가죽나무가 여러 그루가 있었다. 바닷가와 맞이했기 때문에 마을의 방풍림 역할을 했던 대나무와 조릿대들이 곳곳마다 큰 숲을 이루어 있었으며, 또한 수십 그루의 측백나무들이 줄을 서듯 빈터를 지키고 있었다.

　길가에는 어느 나그네를 기다리는 비자나무가 외롭게 서 있었다. 그밖에 과실수로 기존의 집터와 미 군사기지 철책과의 경계에는 마치 비보림처럼 열을 지어 감나무 등을 심었고, 산자락의 큰 밭은 밤나무, 작은 텃밭에는 두릅나무를 식재한 것이 보인다. 마을 입구의 골목길 좌·우측에 심이 있던 온행나무는 누구의 소행인지는 몰라도 최근 전기톱에 의해 잘린 모습이 공허함을 더해주고 있다. 초본류로는 난산 방향은 돌나무과의 바위솔, 바위채송화, 꿩의비름, 기린초 등이 분포되어 있었고 특히 기린초는 군산이 유일한 자생지이기도 하다. 하제 지역은 포구답게 귀화식물도 많은데 난산의 정상에는 백령풀, 방울새풀, 절벽의 바위틈에도 띠를 만들고 있는 대규모의 창질경이, 마을 길가의 둥근잎유홍초, 가옥 터에는 생태교란종인 양미역취 등이 발견되고, 5월에는 재배종인 꽃양귀비가 주민들이 떠난 하제마을을 환하게 비추고 있다.

2 대표적 식물

🌰 팽나무(*Celtis sinensis* Pers)

하제마을 내 600년 팽나무 외에 100년 이상 된 팽나무는 마을 입구에 들어서면 좌측의 서북쪽으로 180m 정도 떨어진 지점인 기존 묘지터 바로 아래쪽에 버드나무와 같이 있다. 하제마을 입구와 이어진 도로를 따라 안으로 걷다 보면 600년 팽나무의 서쪽 뒤편에 300년 정도로 보이는 또 한그루의 팽나무가 보이는데, 한 줄기가 하단부에서 반듯하게 잘려 나간 상태다. 팽나무는 예전부터 은행나무, 느티나무와 같이 장수목의 특성상 당산목, 정자목으로 많이 이용되어 왔다. 낙엽활엽성 교목으로 잎은 톱니 모양의 거치가 발달되어 있

고 낙엽이 지면 주변의 땅은 온통 팽나무 잎으로 지면을 덮는다. 팽나무의 속명 '*Celtis*'는 '열매가 맛있는 나무'라는 의미로 달콤한 붉은색의 열매의 육질들을 새들이 먹고 근처에

씨앗을 버려 새로운 팽나무들이 자라기도 한다. 보통의 팽나무가 자라는 모습을 보면 원줄기는 수직으로 높게 자라난 뒤 가지들은 좌우로 부채 모양으로 퍼지는데 하제마을 내의 600년 팽나무는 특별히 바닷가 쪽으로 살짝 기울어져 있으며, 고목의 잔가지가 펼쳐지는 모습들은 다른 수종과 달리 아주 고즈넉하게 보인다.

🐾 소나무(*Pinus densiflora* Siebold & Zucc)

600년 팽나무와 남서쪽으로 50m 정도 떨어져 있는 아름드리 소나무가 있는데 오랫동안 당산나무로 지내왔던 나무로 용트림하는 기세가 독특하다. 2004년 군산시에서 보호수로 지정되어 관리하고 있다. 예전에는 주변에 다른 몇 주의 소나무도 같이 있었다고 하는데 그래서 그럴까? 이 소나무는 할머니 당산나무로 불린다. 속명 '*Pinus*'는 잎사귀가 바늘 모양인 침엽수를 의미하며, 보통 수피(樹皮)가 붉어 별칭으로 적송(赤松), 내륙에서 주로 자라기 때문에 육송(陸松)으로도 불리기도 하는데 정식 국명은 소나무다.

하제마을의 당산나무인 소나무 생육지는 수백 년 전부터 하제마을에 터를 잡고 살았던 위치로, 난산 바닷가 바로 앞의 해풍을 맞는 붉은 바위의 절벽 위에서 군락으로 있는 소나무는 곰솔이 대부분이다. 소나무의 한자 송(松)은 중국 진시황이 제를 지내기 위해 태산에 올랐을 적에 소나무 아래에서 소나기를 피했던 공으로 나무(木)에 벼슬(公)을 내려준 것에서 유래를 찾는다. 한편, 소나무는 한국, 중국, 일본에서 자생하지만, 일본이 유일한 원산지인 것처럼 일본에서는 19세기부터 해외에 일본 적송(Japanese Red Pine)으로 소개하고 있어 우리도 그에 대응하는 측면에서 몇 년 전부터 한국 적송(Korea Red Pine)으로 소개하고 있다.

🐾 곰솔(*Pinus thunbergii* Parl)

해안가의 절벽, 사구의 뒤편처럼 해풍을 직접 받는 곳에서 자라나며, 줄기의 표면들이 붉은색을 띠고 용트림하듯이 자라나는 소나무와는 달리 수피가 검정색을 띠며 원줄기는 반듯하게 자라 남성적인 이미지를 주기 때문에 곰솔이라 부른다. 별칭으로는 해송(海松), 흑송(黑松)으로도 불린다. 하제마을 바닷가 절벽에는 까치가 모여드는 붉은 바위 위쪽으로 큰 군락지가 있다. 곰솔의 잎은 어세 손으로 끝을 만지면 바늘을 만지는 것처럼 딱딱하여 통증을 느낄 정도며, 겨울눈도 적송은 붉게 올라

오지만 곰솔의 겨울눈은 회백색으로 쉽게 구별된다. 한편 줄기가 곰솔처럼 검정색을 띄지만, 잎이 두 갈래가 아닌 세 갈래로 모여 나고 줄기마디에 잎이 돌려나는 소나무는 조림목적으로 도입된 나무로 한 번쯤이름을 들어봤을 수형적 가치가 떨어지는 리기다소나무로 곰솔과는 많은 차이가 있다. 군산비행장 정문 부근의 선연리에는 마을 이름도 송촌 (松村)이라 할 정도로 바닷가의 마을에 소나무들이 많이 들어서 있었으나 지금은 많이 사라진 상태다.

🐾 묏대추나무(*Ziziphus jujuba* Mill)

묏대추나무를 군산 지역에서 처음 본 장소로는 신시도의 지풍금 갯벌 부근에서 사람이 거주할 수 없는 잡풀들만 구성되던 땅이었으나, 과거 섬이었던 하제 마을 내에서는 묏대추나무가 길가 주변에 비교적 흔히 보인다. 대추나무의 학명을 보면 속명 끝에 나무의 변종을 의미하는 VAR라는 단어가 붙어 있다. 그럼 원조 격인 조상 나무는 어떤 나무일까? 바로 야생에서 자라나는 묏대추나무다. 대추나무의 열매는 타원형으로 굵직하고 가시는 퇴화되어 있지만, 묏대추나무의 열매는 은행처럼 원형에 가깝고 작으며, 가시는 날카롭게 발달되어 있다. 전체적인 수형도 대추나무에 비해 작다. 주로 해안가에서 자생하기 때문에 육지에서는 볼 수 없는 종이며 토질의 특성에 따라 해

안가에서도 쉽게 볼 수 있는 종(種)은 아니기 때문에 하제 지역의 특성을 대표할 수 있는 나무라 할 수 있다. 특별히 묏대추나무 열매를 예부터 산조인(酸棗仁)이라고 하여 한방에서는 불면증 치료에 주로 쓴다.

🌿 꾸지나무(*Broussonetia papyrifera* (L.) L'Hér. ex Vent)

닥나무의 일종으로 분포지에 대하여 '국가생물종지식정보시스템'에서는 울릉도와 경북 동해안에 많다고 알려주지만, 서해안과 남해안에도 많이 자생한다. 군산에서는 옥도면 선유도· 무녀도·신시도에 분포지가 있고, 옥서면 선연리 하제마을에서도 200년 소나무와 얼마 떨어지지 않은 지점의 들판에서 소규모의 꾸지나무가 있다. 선유도 초등학교 인근에서 볼 수 있듯이 꾸지나무는 꽤 크게 대형으로 성장하며, 닥나무와 달리 암수딴그루로 암꽃의 꽃차례는 구형으로 암술이 붉은 실처럼 화려하게 피어나며 수꽃은 딴 그루에 줄기가지 아랫부분에 달린다.

꾸지나무의 종소명을 살펴보면 꾸지나무가 어떤 나무인지 잘 알 수 있다. 라틴어 '*Papyrifera*'는 바로 종이를 만드는 파피루스를 의미하는 단어로. 물론 꾸지나무가 파피루스는 아니지만, 같은 종이를 만드는 나무이기 때문에 의미를 부여했다.

🐾 버드나무(*Salix koreensis* Andersson)

버드나무의 속명 '*Salix*'는 물가에 산다는 라틴어로 하제마을 내 버드나무가 여러 곳에서 관찰된다. 과거 섬이었던 곳에 우람하게 자라는 모습이 좀 이색적으로 보이기는 했지만, 미 군사기지와의 경계인 철조망 안팎에서도 거목으로 또는 이제 성장 중인 개체들도 눈에 띄게 보인다. 하제마을 내부를 걷다 보면 이곳저곳 마른 땅에서 축축하게 물기가 있고 물이 흐르는 상태를 이곳저곳에서 볼 수 있다. 지하수가 약한 토층을 통해 분출되는 것이다. 600년 팽나무 자리의 좌측 아래에서도 끊임없이 물이 나와 흐르는 걸 보면 버드나무가 살기 좋은 터전일 수도 있겠다는 생각이 든다. 어렸을 적 학교 운동장에 큰 버드나무가 있었을 정도로 버드나무는 정감이 많이 가지만 지금은 그런 고목의 버드나무는 보기가 쉽지 않다.

🐾 가죽나무(*Ailanthus altissima* (Mill.) Swingle)

600년 팽나무의 바로 우측 20m 정도 크기와 하제마을에서 바닷가 고갯길로 들어서는 만경강 하류인 포구 좌측에 큰 개체들이 있다. 속성형으로 자라나는 20m 이상의 큰 나무들이 주요 지점에 있는 걸 보면 무슨 의미가 있지 않을까? 생각도 들지만, 수명이 50년으로 단명하는 나무다.

🐾 바위솔[*Orostachys japonica* (Maxim.) A.Berger]

수분(水分) 스트레스가 심한 분포지인 바위 등에서의 어려운 성장 환경을 극복하기 위해 수분을 저장할 수 있는 두꺼운 잎을 갖고 있고 6월부터 자라기 시작하여 10월 초에 꽃을 피우는 돌나무과의 여러해살이풀로 바위 표면의 한 줌도 안 되는 흙에서 자라나는데 둥근바위솔, 난장이바위솔 등 여러 종류의 바위솔이 있다.

바위솔은 잎이 자라면 굳어지며 끝이 뾰족해지는 특성이 있고 꽃대가 자라면서 주위에 수많은 하얀 꽃을 피우는데 이때 영양분의 과도한 손실로 바위솔은 수명을 다한다.

생이 마감되는 숙명임에도 많은 꽃을 피워야 하는 이유는 많은 종자를 퍼트려 후손들을 만들어야 하는 고뇌라 본다면 참으로 자연의 위대한 결정이 아닌가 싶다. 하제 지역 난산의 바윗돌 주변에 자생지가 있다. 바위솔의 다른 명칭으로는 오래된 집 위에서 자라는 환경을 보고 동의보감에서는 최초의 바위솔 한글명인 집우디기(지부지기)라 하였으며, 기와 위에서 자라나는 모습이 소나무를 닮아 와송(瓦松), 특히 바위 위에서 자라나는 바위솔을 범발자국이라 친숙하게 불러줬으나, 현재 우리 시대의 바위솔은 인간 스트레스에 몸살을 겪고 있다.

🐾 기린초(*Sedum kamtschaticum* Fisch. & Mey.)

하제마을의 동쪽인 난산도(卵山島)는 과거에는 지도에 별도로 섬 이름으로 표시되었지만, 요즘에는 아르메산으로 더 익숙하게 불린다.

섬 모양이 알을 닮아 난산도라는 이름이 붙은 아름다운 작은 섬이지만 지금은 육지화되고 과거에 채석장으로 쓰이기도 하여 '섬'이 아닌 '산'인 것이다. 그 산의 바위 절벽 아래에는 특이하게 기린초가 대군락지로 자생하고 있다. 전국적으로 내륙이나 해안가에 자생하지만, 필자가 고군산군도를 오랫동안 조사해본 경험으로는 난산도 이곳에서만 기린초가 보인다. 잎은 길쭉하고 두터우며 노란색의 꽃이 다발로 피어나는데 울릉도의 섬기린초와 비슷하다. 이 밖에 같은 돌나무과로 해풍을 직접 받지 않는 반대쪽 사면에 자생하고 있는 분홍색의 꽃을 피우는 큰꿩의비름과 바윗돌 틈에서 앙증맞은 노란색 꽃을 내는 바위채송화가 자라나고 있다. 섬의 정상에는 백령풀 등의 귀화 식물들이 보인다.

큰 꿩의 비름
(*Hylotelephium spectabile* (Boreau) H.Ohba)

바위채송화
(*Sedum polytrichoides* Hemsl.)

부록

구 술 담

〈구술담 #1〉

• **조사자** : 오이, 황윤
• **구술자** : 군산시 나운동 김희자(여, 83세), 2020.05.19. (화)

제(濟)와 신목(神木), 전통놀이

1. 어업 활동에 대한 안녕 기원

그때 집이 퍽퍽 들어차가꼬 들어 볼 수도 없고 그 옆에도 두 챈가 있었고, 그 가운데에서도 한 집만 거그다가 제를 지냈다고 하대. ○○이가 조매 관심이 있어가지고 배 나가고 들어오고 헐라믄 항상 거그다가 그렇게 허고 들오다가도 인사를 허고 그랬다. 그렇게 정성을 들이면 좋다 소리를 미신적으로 뭐 들었는가. 어업을 헌 사람인게. 지가 혔지. 내력은 모르지. 그 부인은 지금 살아 있어. 밥해서 갖다 놓고 그랬다. 서방이 허라고 헝게.

2. 풍년을 알려주는 신목

먼저 피는 디가 풍년들고, 나중에 피는 디가 숭년 들고 근다고 그 소리를 그 어른들이 허드라고. 일부러 팽나무 보러 가잖아. 어느 쪽이 어떻게 생겼는가 보러 갔다 와. 우리 아버지랑. 남쪽이 먼저 잎사구 피믄 남쪽이 풍년들고, 북쪽이 허믄 북쪽이 풍년들고 참 희안허대. 이상허대. 한쪽만 딱 때려서 잎사구가 난댜. 나무 밑에서 사는 사람들이 그려.

3. 팽 열매의 전통놀이

팽나무·팽 열매 그걸 따고 떨어지믄 따고 혀가지고 총 맨들어서 쏴. 글로 맞으면 얼매나 아프다고. 고무줄로 혀가지고 총을 탁 치믄. 바람불면 팽이 쏟아졌어. 시상도 귀찮았어. 쓸라믄.

〈구술담#2〉

- **조사자** : 양광희
- **구술자** : 전주시 여정진(남, 69세), 2020.11.24. (화)

여씨촌과 팽나무의 영험

1. 의령 여씨촌

팽나무 주변 할아버지 팽나무가 있는 마을을 여멀(여씨촌)이라고 했으며, 예전 비행장 활주로 공사 시 비석과 대퇴부가 나왔었는데 비석에 중종 13년 여득명(余得明)이라고 적혀 있는 걸 보고 같은 여씨 일가라고 생각함. 전씨와 겹사돈이 많았음.

2. 팽나무에 얽힌 구전

팽나무 옆에 원래 또 하나의 팽나무가 있었다고 어렸을 적에 어머님이 말씀해주었는데 그 팽나무에 일본군들이 사격 연습을 했고 사격 연습에 시달린 그 팽나무는 고사했다고 함. 이어 일본군 패전으로 우리나라가 해방되자 그 일본군들이 일본으로 배 타고 가는 도중 배가 뒤집혀 많은 사람이 죽었다며 저 팽나무가 영험하다고 어렸을 적에 어머님이 들려주었음.

어렸을 적에는 그 팽나무에 밧줄을 달고 그네를 많이 탔으며, 딱총 놀이를 많이 했다고 함. 팽나무 주변은 모래나 땅 깊이 파면 황토가 나온다며, 그 팽나무의 뿌리가 부엌 바닥까지 들어왔다고 함.

〈구술담#3〉

- **조사자** : 양광희
- **구술자** : 군산시 월명동 최기권(남, 76세), 2020.11.28. (토)

석장승과 소나무

1. 팽나무 주변 석장승
마을 이장을 20세~28세까지 했을 무렵, 어느 날 보니 팽나무 앞 50m 지점 정도에 마을 앞에 있던, 손으로 어루만져주고 했던 장승이 없어졌다고 함. "돌로 만든 장승입니까?"라고 묻자 그렇다고 하셨음. 군산대학교 박물관에서 보관 중인 하제 석장승 이미지를 보여주자 맞다고 함.

※ 군산대학교 박물관에 1970년대 새마을운동 시 방치되었던 장승을 박물관으로 가져왔다는 내용이 기록되어 있음. 최기권 님이 이장을 지냈던 시기와 일치

2. 소나무(당산나무)
어렸을 적 어르신들이 그 팽나무는 누군가 심었다고 함. 현재 살아있는 소나무 주변에 다른 소나무들이 있었으며 그래서 '할머니 소나무'라 불렀음. 20~28세까지 최기권 님이 이장을 지내던 시절 소나무 당산나무를 돌며 1년에 한 차례씩 걸궁을 했다고 함.

※ 팽나무와 직선거리 50m 떨어져 있으며 소나무는 2004년 보호수로 지정

맺음말

이 책을 쓰면서 '팽나무에 관한 많은 이야기를 더 접할 수 있지 않을까?'라는 생각이 들지만, 하제마을의 여건상 마을을 떠난 사람들을 수소문하고 또 다른 이야기를 찾기에는 현실적으로 한계가 있었다. 분명 아쉬운 부분이다. 대부분 고리가 끊어진 것이다. 하지만 많은 분의 협조 및 노력으로 문화재적인 측면과 여러 가지 시각으로 충분히 조명되고 있다는 것이 다행이라고 생각한다. 이제는 하제마을이 닫힌 공간이 아닌 열린 공간으로 600년 팽나무를 찾는 사람들이 늘고 있다.

600년 동안 건강하게 하제를 지켜온 팽나무, 이제는 우리가 지켜줘야 한다는 책임의식은 우리 시대의 소명으로 다가오고 있음을 느낀다.

특별히 팽나무에 관한 중요한 구술해주셨던 김희자 님, 여정진 님, 최기권 님과 故 고종섭 님의 1960년대 하제마을 사진을 제공해주신 최경순 님에게 깊은 감사를 전합니다.

참조문헌

1. 군산시 홈페이지

2. 군산시사, 군산시, 2000

3. 「고군산군도 국가지질공원 인증 지질명소 발굴 및 가치 조사 용역 최종보고서」, p32, 전북대학교산학렵단, 2017

4. 「고군산군도 국가지질공원 인증용역 최종보고서」, p13, 전라북도, 2020

5. 석장승 안내표지판, 군산대학교 박물관

6: 홍금수, 「전라북도 연해지역의 간척과 경관변화」, 전라북도, 2008

7. 권혁재, 「황해안의 간척지 발달과 그 퇴적물의 기원」, 대한지리학회지, 1974년

8. 박찬우, 안창호, 김세창, 「조선거수노수명목지에 왜곡되어 있는 조선의 신목에 관한 고찰」, 2019

9. 특정 시험(수령 감정) 결과서, 한국임업진흥원, 2020

10. 나무의 나이측정, 국립산림과학원

11. 박상진 경북대학교 명예교수,「팽나무 문화재 추천의견서」, 2020

12. 박종민 전북대학교 교수,「팽나무 문화재 추천의견서」, 2020

13.『왜사일기(倭使日記)』, 국사편찬위원회, 1878

14.『조선환여승람』, 군산문화원, 1998

15.『군산의지명유래』, 군산문화원, 2009년

16. 심호택 ,『하늘밥도둑』시집, 창작과비평, 1992

17. 동국사 소장 일제강점기 문화유산, 전라북도 보도자료, 2016.08.

18. 김종원,『한국식물생태보감』, 자연과생태, 2006

19. 국가생물종지식정보시스템

20. 일본 위키피디아 포털